KB151243

Talk Talk

톡톡
찾아가는
교수법

학생과 함께 만드는 15주간의 작은 도전

하오선 · 김수영 지음

박영story

대학은 지금, 4차 산업혁명 시대에 대응할 미래교육을 위해 '교육혁신'에 대한 논의가 한창입니다. 그러나 대학 강의실을 살펴보면 저자들이 대학을 다니던 때의 모습과 크게 다르지 않은 것 같습니다. "선도", "개혁", "혁신"이라는 이름으로 꾸준히 새로운 것들이 시도되고 있음에도 불구하고 여전히 대다수의 강의실에서는 예전에 배웠던 방식으로 가르칩니다. 왜 이런 일이 일어날까요? 무엇을 잘 안다는 것과 무엇을 잘 가르친다는 것은 전혀 다른 일임에도 불구하고 전공 분야에서 석·박사 과정을 마치고 나면 자연스럽게 강단에 섭니다. 예비 교수자가 될 이들을 대상으로 하는 가르치는 방법에 대한 교육이 없습니다. 교수가 되어도 교육보다 연구가 중요한 성과로 인정되는 대학 풍토 속에서 교육에 대한 관심과 투자를 최소한으로만 유지하는 어찌 보면 합리적인 선택을 하는 경우가 많습니다. 또한 교육을 개선하는 데 관심이 있는 교수자라 하더라도 제도적인 지원 시스템이 제대로 갖추어지지 않는다면 자신이 배웠던 내용과 방식의 범주를 크게 벗어나기는 어렵습니다. 어찌 보면 지금의 모습은 이러한 이유들로 인한 당연한 귀결처럼 보입니다.

2000년대 들어 대학교육 수월성에 대한 관심이 증대하면서, 많은 대학이 교육의 질을 높이기 위해 다양한 노력을 하고 있습니다. 4차 산업혁명에 발맞춰 창의융합인재를 키울 수 있도록 교육과정을 개편하고, 교수방법을 혁신하고, 학사제도를 유연화하고 있습니다. 그러나 '대학교육의 질은 교수학습의 질에 달려 있고, 교수학습의 질은 수업의 질에 달려 있으며, 수업의 질은 교수자의 질을 뛰어넘지 못한다'는 말처럼 진정한 교육혁신의 장은 교수와 학생이 만나는 강의실이며, 결국 그 성패를 좌우하는 것은 교수자일 수밖에 없습니다. 각 대학은 이러한 인식 하에 교수경력별로 교수역량을 강화하기 위한 프로그램을 체계화하고 있으며, 특히 예비교수, 신임교수에 대한 지원을 강화하고 있습니다. 같은 맥락에서 서울대 등 일부 대학들은 예비 교수자를 위한 특강이나 강의를 개설하기 시작하였습니다. 동국대도 2014년 교수학습개발센터에서 일반대학원 교과목으로 『예비교수자를 위한 교수법』 강좌를 개설하였습니다.

지금까지는 마땅한 교재가 없어 여러 가지 교재를 함께 봐야 했지만, 이제 다년간 수업을 진행하며 정리한 노하우를 담아 교재를 출판하게 되었습니다. 이 교재는 대학에서 가르치는 일을 담당하게 될 예비 교·강사에게 대학 강의에 필요한 14가지 티칭 룰스를 소개하되, 비전공자도 쉽게 읽을 수 있도록 구성하였습니다. 또한 이는 이미 대학에서 강의하는 교·강사에게도 강의에 대해 다시 한 번 점검해볼 수 있는 계기를 마련해줄 수 있을 것이라 기대합니다.

하오선, 김수영

차례

차례

교수자가
갖추어야 할 역량

티칭 룰스

교육의 질은 강의의 질을 능가할 수 없다

21세기 지식기반 사회로의 전환은 대학 교육에도 예외 없이 변화와 혁신을 요구하고 있습니다. 급변하는 환경 속에서 대학의 적응과 생존 방법은 결국 대학이 가진 인적자원의 역량 강화일 것입니다. 이러한 인식에 기반하여 대학들은 글로벌 마인드와 창의적 역량을 갖춘 학생 양성을 목적으로 대학 교육의 질을 확보하기 위한 방안을 다각도로 모색하고 있습니다. 이 중 특히 교육의 본질인 교수학습의 질이 강조되고 있습니다. 대학의 수월성 제고와 경쟁력 확보를 위해 물리적 환경이나 교과과정 자체를 변화시키는 것도 중요하겠지만, 우수한 교과과정이 실현되는 교수학습의 현장이야말로 교육의 질을 결정하는 가장 중요한 요소이기 때문입니다. 이에 교수학습 현장의 최전선에 서 있는 교수자의 강의역량은 매우 중요한 문제가 되었습니다. 이런 현실 속에서 교수에게 가르친다는 것은 어떤 의미이고, 대학 강의를 하기 위해서 교수는 어떤 역량들을 갖추어야 하는지에 대해 교수와 학생의 생각을 통해 알아보도록 하겠습니다.

가르침에 대한 생각

가르친다는 것은 무엇일까요? 사전적 의미를 보면 첫째, 지식이나 기능, 이치 따위를 깨닫게 하거나 익히게 하는 것, 둘째, 주로 '버릇', '버르장머리'와 함께 쓰여 그릇된 버릇 따위를 고치어 바로 잡는 것, 셋째, 교육기관에 보내 교육을 받게 하는 것입니다.

그렇다면 실제 교수는 가르친다는 것을 무엇이라고 생각할까요? 지난 5년간 교수법 워크숍에 참석한 교수자에게 '가르친다는 것은 ○○○이다. 왜냐하면 ○○○○○이기 때문이다.'를 작성하게 한 자료를 질적 분석 도구인 Nvivo 프로그램을 활용하여 분석했습니다. 가르친다는 것에 대한 교수들의 생각은 크게 네 가지 개념으로 분류되었습니다.

첫째, 가르친다는 것은 교수가 가진 지식을 전달하는 것입니다. 그리고 지식을 전달함에 있어서 학생이 이해하기 쉽게 흥미를 가질 수 있도록, 교수가 잘 이해해서 가장 선명하게 전달해야 하는 것입니다.

- 필요한 지식, 정보를 잘 전달하는 것이다. 그러한 것들을 잘 배우게 하는 것이야말로 진정 잘 가르쳤다고 할 수 있는 것이기 때문이다.
- 내가 알고 있는 지식과 정보를 가장 효율적인 방법으로 압축해서 흥미롭게 전달하는 것이다.
- 나에게 가르친다는 것은 자기 눈앞에 지식을 선명하게 보이게 하는 확대경을 다른 사람에게 전달하는 것이다. 왜냐하면 단순히 지식을 전달하기보다는 그 지식을 어떻게 자기 눈으로 보고 어떻게 생기는지 전달하는 것이 더 중요하기 때문이다.

둘째, 가르친다는 것은 단순히 지식만을 전달하는 것이 아니라 학생에게 영향을 미치는 행위입니다. 가르침을 통해 동기를 부여하고 지식을 확장시키고 이를 통해 새로운 세계를 알게 하고 학생에게 새로운 미래의 삶을 보여주는 것입니다.

- 나에게 가르친다는 것은 그 순간 그 학생의 삶이 될 수 있다. 왜냐하면 나의 한마디가 그 학생의 삶을 뒤바꿀 수 있기 때문이다.
- 지식을 전달하는 동시에 동기를 부여하는 것이다. 교수나 교육자의 역할이 지식전달자 이상의 무언가를 가르치는 것이기 때문이다.
- 새로운 세계를 알게 해주는 것이다. 왜냐하면 지식의 습득은 사람의 생각을 보다 확장시켜줄 수 있기 때문이다.

셋째, 가르친다는 것은 교수의 일방적인 전달이 아니라 학생과 소통을 통해 이루어지는 것입니다. 가르친다는 것은 교수에게서 학생에게 일방적으로 전달되는 한쪽 방향의 소통이 아니라, 공유와 공감을 통한 양방향 소통을 통해서 완성되는 것입니다.

- 나에게 가르치는 것은 좋은 주제를 바탕으로 한 의사소통이다. 왜냐하면 일방적인 지식 주입은 그 강의를 지루하게 만들 것이기 때문이다.

- 공유하고 공감하는 것이다. 서로 원활한 커뮤니케이션을 통해 배움이 일어나기 위해서는 공유와 공감이 전제되어야 한다.
- 의사소통이다. 가르치는 것과 배우는 것은 서로 모르는 것, 또는 무의식적으로 지나쳤던 중요한 문제에 대해 서로의 의견교환을 통해 함께 배우는 교학상장이라고 여기기 때문이다.

넷째, 가르친다는 것은 교수의 지식을 점검하는 시간이며, 교수가 배우는 시간입니다. 많은 교수는 가르치는 것을 통해 자신의 지식을 점검하고 새로운 지식을 습득하게 됩니다. 또한, 교수는 가르치는 것을 통해 즐거움을 느끼기도 하고 성장하는 시간을 갖습니다.

- 나에게 가르친다는 것은 스스로에게 즐거움을 주고 관련 분야의 전문지식을 향상시킬 수 있는 좋은 기회가 된다. 왜냐하면 학습자와의 소통 속에서 내가 생각하지 못했던 참신한 아이디어를 얻을 수 있고, 강의를 준비하는 과정 속에서 전에는 갖지 못했던 일종의 통찰을 경험할 수 있기 때문이다.
- 나에게 가르친다는 것은 내가 배운 것을 끊임없이 새롭게 복습하고 강의를 수강하는 사람들과 새로운 아이디어를 찾아가는 것이다. 왜냐하면 가르치는 행위를 통해서 그 수업에서 강의하는 교수자가 얻는 것이 더 많기 때문이다.
- 나에게 가르친다는 것은 사명이다. 왜냐하면 나의 비전이 거기에 있기 때문이다.

좋은 강의에 대한 생각

그렇다면 좋은 강의란 어떤 것일까요? 누구도 이 질문에 정확한 답을 제시할 수는 없지만, 교육에서 좋은 강의란 무엇보다 중요한 것으로써 이 물음에 대해 어느 정도의 답은 찾을 필요가 있습니다. '좋은 강의'에 초점을 둔 많은 연구들은 보편적이고 객관적인 '좋은 강의'의 특성을 찾고 이를 정의하고자 노력하였지만, '좋은'의 의미는 판단 주체에 따라, 상황에 따라, 사회·문화에 따라 주관적으로 해석될 수 있고, 서로 다르게 판단될 가능성이 크기 때문에, 좋은 강의란 무엇인가에 명확한 답을 제시하기는 쉽지 않습니다.[1] 하지만 교육의 패러다임이 교수 중심에서 학생 중심으로 변해감에 따라 좋은 수업을 위한 구성 요소에 있어서 '교수'뿐만 아니라 '학생'의 역할이 중요시되고 있습니다.

> ## 좋은 강의의 정의
>
> - 학습자의 발달이란 목적과 교수자와 학습자의 우호적이고 인간적인 관계 아래에서, 교수자는 학습자가 수업내용을 잘 이해할 수 있도록 설명하면서 학생들의 참여를 촉진하여 학습자들이 폭넓은 경험을 쌓을 수 있도록 하는 강의[2]
> - 단순한 지식 습득보다는 학습자의 경험 확장을 목표로 지식의 의미를 구성하여 학습자의 인지적·정의적 변화를 도출하는 교수-학습 활동[3]

그렇다면 교수들은 좋은 강의는 어떤 것이라고 생각하고 있을까요? 교수에게 '좋은 강의란 ○○○이다. 왜냐하면 ○○○○○이기 때문이다.'를 작성하게 한 결과를 Nvivo로 정리했습니다.

첫째, 좋은 강의는 학생의 변화에 긍정적인 영향을 미치는 강의입니다. 학생의 생각 변화를 가져오고, 실생활에 적용하고 행동하도록 변화를 이끄는 것입니다. 또한, 학습자의 배움에의 열정, 욕구, 탐구심을 자극하고 배움을 통해 보람, 행복감, 뿌듯함 등을 느끼게 하는 것입니다.

- 오래 기억되고 실생활에 도움이 되는 강의이다. 한번이라도 받은 교육을 실생활에 사용하지 못한다면 기억에 남지 않기 때문이다.
- 행동하게 하는 것이다. 지식을 통해 열정을 불사르며 바로 행동하게끔 할 수 있기 때문이다.
- 좋은 강의는 강의를 듣는 사람을 인디아나 존스로 만든다. 왜냐하면 강의를 통해 새로운 세상을 경험하게 함으로써 그 세상을 끝까지 탐구하게끔 하는 욕구를 자극시키기 때문이다.
- 말없는 웃음이다. 왜냐하면 좋은 강의는 소리 없이 수강자들의 내면을 두드리기 때문이다.

둘째, 좋은 강의는 흥미롭고 재미있는 강의입니다. 학생이 강의가 재미있다고 느끼고 시간 가는 줄 모르고 집중해서 듣는다는 것은 그만큼 교수가 많은 준비를 해야 한다는 것을 의미합니다. 강의가 지루하다는 것은 교수의 준비가 부족하다는 것이고 서로의 시간을 낭비하는 행위라고 했습니다.

- 그 주제에 대해 흥미를 일으킬 수 있어야 한다. 왜냐하면 내가 알고 싶은 주제도 아닌데 재미도 없다면 아무도 듣지 않을 것이라고 생각하기 때문이다.
- 좋은 강의는 시간가는 줄 모르는 강의다. 왜냐하면 정말 즐겁고 유쾌하고 놀라워서 그 한 시간 또는 두 시간이 어찌 흘렀는지 모를 강의이기 때문이다.
- 좋은 강의는 지루하지 않은 것이다. 왜냐하면 성실하게 준비한 정말 좋은 강의라면 누구도 지루할 수 없기 때문이다.

셋째, 좋은 강의는 이해하기 쉽게 전달하는 것입니다. 어려운 내용도 쉽게 이해할 수 있도록, 그리고 실제 삶에 활용할 수 있도록 전달하는 것입니다. 좋은 강의는 쉽고 간단하고 명료해야 합니다. 교수의 수준이 아닌 학생의 지식 수준을 고려해서 전달해야 합니다. 어려운 내용을 어렵게, 쉬운 내용을 쉽게 전달하는 것은 누구나 할 수 있습니다. 하지만 어려운 내용을 쉽게 전달하는 것은 누구나 할 수 있는 것은 아닙니다. 따라서 어려운 내용을 유치원생도 쉽게 이해할 수 있도록 전달한다면 좋은 강의라고 볼 수 있습니다.

- 쉽고 직관적이고 실용적인 강의다. 모두가 이해할 수 있고, 실제 삶에서 활용할 수 있는 지식이야말로 지식을 위한 지식이 아니라 학습자를 위한 지식이기 때문이다.
- 좋은 강의는 쉽고 간단하고 명료하다. 왜냐하면 강의목표는 청자의 이해가 최우선적이기 때문이다.
- 어려운 내용을 쉽고 흥미롭게 전달하는 것이다. 왜냐하면 어려우면 배우고 싶은 마음에서 멀어지기 때문이다.

넷째, 좋은 강의는 학생을 참여시키는 강의입니다. 앞에서 언급했듯이 가르친다는 것은 일방적인 지식전달이 아니라 학습자와 소통하는 것입니다. 학습자와 소통하는 다양한 교수방법을 적용해서 실제 학습자에게 학습이 일어나도록 하는 강의가 좋은 강의입니다.

- 질문과 토론이 활성화된 강의이다. 교수와 학생이 알아야 할 사항들을 새로 발굴하고 새로운 접근법과 해결방안을 찾을 수 있다고 생각하기 때문이다.
- 학생들과 소통하고 토론하는 것이다. 같이 채워가는 과정이기 때문이다.
- 학생들이 말을 많이 하는 강의다. 그것이 학생과 교수 모두를 성장 시킨다.

이 외에, 좋은 강의는 강의의 내용이 풍성해야 하며 자연스런 몰입이 가능하고, 열정적이며, 듣는 사람을 배려하고, 많은 사람을 만족시키는 것이라고 했습니다.

이상의 생각들에 동의하시나요? 아마도 비슷한 생각을 갖고 있으시리라 생각합니다. 그렇다면 좋은 강의를 진행하려면 교수는 어떤 강의역량을 갖추어야 할까요?

교수가 갖춰야 할 강의역량

강의역량은 가르치는 일을 성공적으로 수행하는 데 요구되는 교사의 자질로 이론적 역량과 실천적 역량을 모두 포함하며, 강의를 수행하는 데 요구되는 개인의 심층적이고 지속적인 내적 특성입니다. 이러한 특성은 우수한 강의 수행의 원인이 되며 구체적인 준거나 기준에 의해 예측할 수 있으며 훈련을 통해 개발, 성장이 가능한 것이라고 정의할 수 있습니다.[4]

대학 교수가 가르치는 것과 관련된 역량을 규명하고 평가하기 위해 다양한 연구들이 진행되었습니다. 이들 연구들은 문헌분석, 심층면접, 질문지법, 초점 인터뷰, 델파이조사 등 다양한 방법을 적용하여 대학 교수가 갖춰야 할 강의역량을 다음과 같이 규명하고 있습니다.

- 교수설계자(수업계획서 작성능력, 학습환경 조성능력, 코스 분석력, 창의력 등), 학습활동 촉진자(열정, 학습자에 대한 애정, 주의환기 능력, 학습내용 이해 촉진력 등), 평가자(학습결과 평가, 공정성, 학습자 준비도 평가 등)[5]
- 교수활동에 대한 열정, 깊이 있는 지식, 흥미유도, 설명(커뮤니케이션 능력), 수업구성, 학생과 학습에 대한 관심과 기대, 공정, 적합한 평가와 피드백, 독립적이고 통제적인 적극적 학습, 연구추세에 대한 이해[6]
- 기본역량(열정적인 태도, 학습자에 관한 지식, 반성적 사고, 동기부여 능력, 학생에 대한 애정과 존중 등), 강의역량(강의준비, 강의시행, 강의정리, 교수전문성개발)[7]
- 지식(내용전문성), 기술(체계적 구성과 설명 기술, 참여유도기술, 평가기술, 매체활용기술, 프레젠테이션 기술, 수업운영, 수업준비), 태도(학생에 대한 태도, 강의에 대한 태도)[8]

위에서 제시한 강의역량을 활용하여 실제 대학 강의를 수강한 대학생의 입장에서 교수의 강의역량을 분석한 결과, 다음과 같은 열 가지 강의 역량이 도출되었습니다. 그리고 열 가지 강의 역량은 직무분석의 개념적 틀인 태도(Attitude), 기술(Skill), 지식(Knowledge)으로 분류했습니다.

역량		개념
지식 (Knowledge)	내용전문성	해당 교과목에 대한 교수자의 전문적 지식
기술 (Skill)	수업준비	수업 시작 전 강의를 위한 제반사항을 충실히 점검하고 준비하는 교수자의 능력
	체계적 구성과 설명	학습자의 학업성취 향상을 위한 교수자의 전반적인 강의 구조화 및 효과적인 설명 능력
	참여유도	수업 중 발표, 토론 및 질문을 활용하여 학생들의 참여를 유도하는 교수자의 능력
	수업운영	학습의 능률을 고려하여 강의의 흐름에 따라 수업을 운영하는 교수자의 능력
	매체활용	강의내용에 적합한 매체 활용 능력
	프레젠테이션	효과적인 학습을 위한 교수자의 언어적·비언어적 전달 능력
	평가	과제 및 시험의 평가 및 피드백에 대한 교수자의 공정성 및 정확성의 정도

역량		개념
태도 (Attitude)	학생에 대한 태도	호감, 유대감, 존중, 관심 등의 수업 내·외적으로 나타나는 학생에 대한 태도
	강의에 대한 태도	열정, 흥미 있는 수업 유지, 강의 분위기를 활기차게 만들어가려는 강의에 대한 교수자의 태도

　　교수는 강의를 위해서 지식 측면에서는 내용전문성역량을, 기술 측면에서는 체계적 구성과 설명역량, 참여유도역량, 평가역량, 매체활용역량, 프레젠테이션역량, 수업운영역량, 수업준비역량을 갖춰야 합니다. 그리고 태도 측면에서 학생에 대한 태도, 강의에 대한 태도역량을 갖춰야 합니다. 이 중 특히 '내용전문성'역량은 다른 강의역량의 기본이며 가장 선행되어야 하는 강의역량입니다. 교수가 전달해야 할 내용에 대한 전문성이 없다면 다른 역량이 아무리 뛰어나도 좋은 강의를 하기는 힘들 것입니다. 내용전문성역량을 꾸준히 키우는 교수 스스로의 노력과 함께 기술역량, 태도역량을 키우는 노력이 필요합니다. 이 모든 역량은 순차적으로 연결되었다기보다는 각 역량들이 서로 유기적이며 상호보완적일 때 더 큰 효과를 발휘할 수 있습니다. 이 책은 다양한 강의역량을 키울 수 있는 실적적인 내용과 사례들을 포함하고 있습니다. 강의역량을 키우는 참고서로 활용해 보시기 바랍니다.

　　미국의 교육 철학자 Henry Adams(핸리 애덤스)는 '스승 한 사람이 미치는 영향은 영원히 지속된다. 그 영향이 어디서 멈추는가는 아무도 모른다.'고 했습니다. 교수자의 가르침이 얼마나 중요한지를 보여주고 있습니다. 처음에는 지식이 약하고 기술이 약하더라도 학생을 존중하고 배려하는 태도와 열정적인 강의에 대한 태도가 흔들리지 않는다면 시간이 더해지면서 좋은 강의를 위한 역량이 완성될 것입니다. 교수자로서 A · S · K(Attitude, Skill, Knowledge)를 갖췄는지 항상 스스로에게 질문(ASK)하면서 점검해 나가시길 바랍니다.

강의계획서, 성공적인 강의를 위한 첫 걸음

티칭 룰스

강의에도 지도가 필요하다

강의는 교수와 학생이 한 학기 동안 함께 떠나는 지적 여행이라 할 수 있습니다. 교과목명이 같다고 해도 누가 어떻게 가르치느냐에 따라 그 속에서 경험하는 것도, 성장하는 모습도 각양각색일 수밖에 없습니다. 또한 학생들은 같은 강의실에서 강의를 듣더라도 각자의 관심과 흥미, 그리고 경험 속에서 다른 것을 배우고 느낄 수밖에 없습니다. 그럼에도 불구하고 한 학기 동안 교수와 학생이 함께 공통의 목표를 위해 나아가기 위해서는 교수가 한 학기 동안 진행하는 강의의 목표가 무엇인지, 학생들이 무엇을 배우고 학습하도록 할 것인지, 이를 어떻게 평가할 것인지 계획을 세우고 학생들에게 정확하게 안내를 해주어야 합니다. 한 학기 강의에 대해 계획을 세우는 과정을 교수설계(instruction design)라고 한다면 이를 문서화한 것이 강의계획서(syllabus)입니다.

강의는 어떤 과정으로 이루어지나요?

교수(instruction)가 "목표를 달성하기 위해 학습이 잘 이루어지도록 환경을 계획적으로 조작하여 실행하는 과정"이라면, 설계(design)는 "실행에 선행하는 체계적인 혹은 의도적인 계획과 사고과정"을 의미합니다.[1] 즉, 교수설계란 강의목표를 설정하고 이를 효과적으로 달성시킬 수 있도록 강의 관련 변인 및 요소들을 체계적으로 조직하는 것입니다.

교수설계모형 중 가장 일반적인 것은 ADDIE 모형입니다. 다른 교수설계모형은 이로부터 파생된 것이거나 이를 변형시킨 것이라 할 수 있습니다. ADDIE 모형은 교수설계의 5단계, 분석(Analysis), 설계(Design), 개발(Development), 실행(Implementation), 평가(Evaluation)로 구성됩니다.

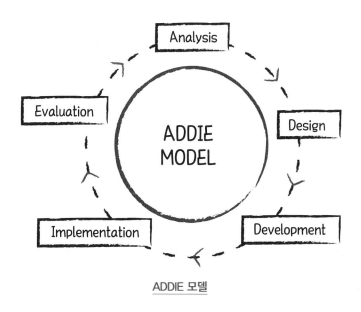

ADDIE 모델

[1단계] 분석하기(analysis)

분석은 교수 목적, 학습자 특성, 그리고 강의에 필요한 자원을 분석하는 것입니다. 교수 목적 분석은 자신이 속한 대학의 인재상, 교육 목표를 확인하는 한편, 소속 학과의 교육과정을 확인하여 그에 맞게 교수 목적을 수립하는 것입니다. 이와 더불어 강의에 필요한 인적, 물적 자원을 사전에 확인하고 준비해야 합니다.

대학 강의 환경에서 의외로 어려운 것이 학습자 분석입니다. 교수설계를 위해 사전에 파악해야 할 학습자 특성으로는 ① 출발점 행동, ② 사전 지식과 경험, ③ 학습 동기, ④ 학습 선호도, ⑤ 집단 특성 등이 있습니다. 그러나 매 학기 새로운 학생들이 새로운 관심과 기대를 가지고 교과목을 선택하기 때문에 이러한 학습자의 특성을 미리 파악하기는 쉽지 않으며, 특히 이러한 어려움은 전공보다는 교양강의에서 배가됩니다. 따라서 교수는 이전 강의 경험 등을 바탕으로 우선 교수설계를 하고 학기 초에 해당 학기 수강생들의 특성을 파악하여 자신의 계획을 조정할 여지를 둘 필요가 있습니다.

[2단계] 설계하기(Design)

설계는 강의목표를 설정하고, 그에 따른 교수 및 평가 전략을 수립하는 것입니다. 강의설계에서 가장 중요한 것은 학습목표를 설정하는 것입니다. 교수 목적(Instructional Goal)이 교수가 학생들에게 기대하는 추상적이고 높은 차원의 기대를 의미한다면, 학습목표(Learning Objectives)는 강의를 충실하게 들은 학생이 도달해야 할 지점입니다. 따라서 학습목표는 가능한 한 구체적이고 측정 가능한 행동으로 정의되어야 하며, 학습목표가 설정되면 그에 적합한 강의내용과 방법을 선택하여 주차별로 적절한 순서로 배치하고, 학습자가 학습목표를 달성했는지를 확인하고 피드백을 제공해줄 수 있도록 평가를 계획해야 합니다. ADDIE 모델에서 설계는 가장 핵심적인 단계라 할 수 있습니다. 학습목표가 명확하지 않거나 학습목표에 부합해 강의내용, 방법, 평가를 설계하지 않으면, 각 단계들이 유의미하게 진행되기 어렵습니다.

[3단계] 개발하기(Develop)

개발은 강의자료, 활동자료, 평가 문항 등을 실제로 개발하는 것입니다. 강의자료를 개발할 때에는 교재의 내용을 기본으로 하되, 학습자 특성, 학습동기, 교수방법 등 다양한 요소를 고려할 필요가 있습니다. 학기 시작 후 임박하여 강의자료를 개발하는 경우가 많은데 강의 시작 전에 개발하면 자료의 완성도도 높일 수 있고, 강의를 좀 더 수월하게 진행할 수 있으므로 초고 수준이라도 미리 개발하는 것을 권장합니다. 또한 동일한 강의를 다음 학기에도 진행한다면, 강의를 진행하면서 보완해야 할 사항들을 메모해두었다가 활용한다면 효율성을 높일 수 있을 것입니다.

[4단계] 실행하기(Implement)

실행은 실제 강의를 준비하고 진행하는 것입니다. 교수는 강의일정에 따라 강의를 진행하면서 학생들이 잘 따라오고 있는지, 어려운 점은 없는지 확인하고 학습을 독려해야 합니다. 이를 위해서 교수는 강의 중간중간 학생들과 함께 강의계획서를 살펴보면서 계획대로 잘 진행되고 있는지, 현재 어디까지 왔고, 앞으로 어떻게 진행할 것인지, 혹시 강의계획 중에 수정할 부분이 있다면 어떻게 조정해야 할지를 안내하고 협의해나가야 합니다.

[5단계] 평가하기(Evaluate)

이 단계에서의 평가는 학생 평가와 교육 프로그램 평가로 구분할 수 있습니다. 대학 강의에서 학생 평가는 한 학기 동안 교육목표를 달성했는지 확인하고, 학습의 질을 평가하는 것이라면, 교육 프로그램 평가는 강의 초반, 강의 중반, 그리고 강의 후반 교육목표를 잘 설정하고, 달성해나가고 있는지, 그리고 결과적으로 원하는 목표를 달성하였는지를 평가하는 것이라 할 수 있습니다.

강의계획서란 무엇인가?

강의를 준비하는 첫 단계는 강의계획서를 작성하는 일입니다. 강의계획서(syllabus)는 한 학기 동안 어떻게 강의를 이끌어 나갈 것인지 강의설계를 구체화한 것입니다. 교수에게는 강의를 체계적으로 전개해나갈 수 있도록 해주는 동시에 학생에게는 어떤 과목을 수강해야 할지, 그리고 선택한 과목을 위해 한 학기동안 자신이 무엇을 해야 하는지를 계획하고 실행해나갈 수 있도록 도와주는 역할을 합니다.

1990년대 이후 많은 대학들이 수강 신청 기간 전에 해당 강좌에 대한 강의계획서를 대학의 웹사이트나 학습관리시스템에 입력하여 학생들에게 공시하도록 요구하고 있습니다. 심지어 담당 교수가 강의에 대해 소개하는 동영상을 만들어 강의계획서와 함께 공개하는 등 다양한 방법이 시도되고 있습니다.[2] 그러나 여전히 대학현장에서 강의계획서의 완성도나 활용도가 부족하다는 문제도 있습니다.

"한 학기 수업을 결정할 때 학생들이 가장 먼저 확인하는 게 교수님들이 작성한 강의계획서다. 그러나 수강신청 홈페이지에 올라온 강의계획서에는 강의명과 담당 교수, 목차만 있을 뿐 구체적인 수업 목표나 강의 방식 등은 빠진 경우가 많다고 학생들은 지적했다. 값비싼 수업료를 내면서도 자신이 어떤 수업을 들을지 모른 채 수강신청을 하는 일이 벌어지고 있는 것이다.[3]"

강의계획서는 강의 및 강의에 대한 정보를 제공하는 영구적인 기록(permanent recode)인 동시에 교수와 학생 간의 수업에 대한 사전 동의 및 합의의 계약(contract)입니다. 뿐만 아니라 학생에게는 목적지에 도달하기 위한 방법과 방향을 보여주는 지도로 학생들은 강의계획서를 통해 무엇을 어떻게 배우고 어떤 성과를 이루게 될 것인지 예측하고 준비하고 진행해나갈 수 있는 중요한 학습도구(learning tool)이기도 합니다.⁴ 더불어 교수는 강의계획서를 토대로 체계적으로 수업을 운영할 수 있으며, 한 학기 동안 강의가 효과적으로 이루어졌는지 성찰할 수 있습니다. 즉, 강의계획서를 제대로 작성하는 것이야말로 좋은 수업을 위한 첫 걸음이라 할 것입니다.

강의계획서의 구성요소는 무엇인가?

강의계획서는 크게 기본요소, 필수요소, 선택요소로 구분할 수 있으며, 각 요소별 하위요소는 아래 그림과 같이 나뉠 수 있습니다. 이 때 기본요소와 필수요소는 강의계획서가 갖추어야 하는 최소한의 요건이라 할 수 있습니다.

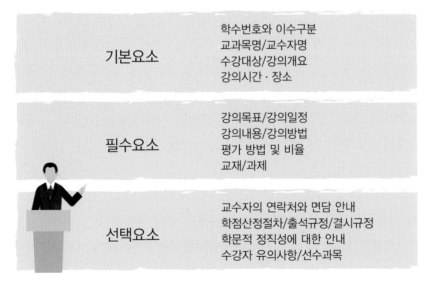

기본요소
학수번호와 이수구분
교과목명/교수자명
수강대상/강의개요
강의시간·장소

필수요소
강의목표/강의일정
강의내용/강의방법
평가 방법 및 비율
교재/과제

선택요소
교수자의 연락처와 면담 안내
학점산정절차/출석규정/결시규정
학문적 정직성에 대한 안내
수강자 유의사항/선수과목

대학 강의계획서 구성요소

대부분의 대학들이 대학기관 차원에서 강의계획서 표준화 양식을 개발하여 온라인에 탑재하는 시스템을 갖추고 있습니다. 표준화된 강의계획서에서는 대부분 강의계획서의 기본요소와 필수요소가 포함되어 있어 최소한의 질을 확보할 수 있다는 강점이 있습니다. 그러나 표준화된 양식은 강의의 특성이나 교수자의 성향을 제대로 반영하지 못하는 단점을 가지고 있습니다. 따라서 표준화된 강의 양식을 참고하되 교수 및 강의 특성에 따라 필요하다면 다양한 강의계획서의 구성요소 중 필요한 항목을 추가하여 사용할 수 있습니다.

　　판다프완다는 강의계획서 구성요소에 대한 40년간의 선행연구 분석을 토대로 강의계획서의 구성요소를 24가지로 제시하였는데, 필요한 항목을 추가할 때 참고할 수 있을 것입니다. 24개의 구성요소를 순위별로 살펴보면, 다음과 같습니다.[5]

① 수업목표

② 교재와 수업자료

③ 과제 및 수업 일정

④ 평가절차와 방안

⑤ 강좌 개요

⑥ 기본 정보(교수자명, 강좌명, 사무실, 전화번호, 업무시간)

⑦ 결석규정

⑧ 선수과목

⑨ 학문적 정직함

⑩ 강좌주제 및 활동

⑪ 교수 개인정보

⑫ 강좌요구사항

⑬ 부가적인 읽기

⑭ 지연된 과제에 대한 사항

⑮ 강의목적

⑯ 평가준거

⑰ 수업진행방식

⑱ 결시규정

⑲ 강좌의 필요성

⑳ 평가유형 및 일자

㉑ 학습 지원시설 및 위치

㉒ 평가에 관한 대학의 공식 규정

㉓ 학습시설 및 자료 안내

㉔ 수업일정변동에 대한 안내

강의계획서를 어떻게 작성해야 하는가?

강의계획서의 필수요소인 강의목표, 강의내용(주차별 강의일정), 강의방법, 평가 방법 및 비율, 기타를 중심으로 작성방법에 대해 알아보겠습니다.

강의목표

강의목표는 강의가 최종적으로 도달하고자 하는 목적지로 학생들이 변화되기를 기대하는 방향을 간결하게 서술하는 것입니다. 강의목표를 명확하게 진술하는 것은 강의에 있어서 가장 중요한 출발점이며, 이는 강의내용, 강의 방법, 학생 평가의 준거가 될 수 있습니다. 이는 학생에게는 무엇을 배울지를 인식시키고, 이후 학습의 목표와 방향을 설정하는 기준으로 작용합니다.

작성방법

첫째, 강의목표는 교수가 아닌 학생의 입장에서 기술해야 합니다. 즉, '학생들이 수업을 통해 어떻게 변화할 것인가' 학생을 주어로 해서 "학습내용 + 최종행동"의 형식으로 작성되어야 합니다. 처음 목표 진술 시 자주 범하는 오류 중 하나가 교수의 활동을 학습목표로 진술하거나 강의에서 다루게 될 제목, 개념, 이론 등의 교과내용을 나열하는 것입니다. 강의를 통한 변화의 주인공은 학생이어야 함을 명심해야 합니다.

강의목표 = 학생(주어) + 학습내용(주제) + 최종행동(동사)

둘째, 강의목표에서 서술어는 가능한 한 구체적인 행위동사로 제시해야 합니다. 이 때 기술하는 행위동사는 인지적, 정의적, 심리운동적 영역으로 구분되며, 각 영역별로 다음과 같이 상세화될 수 있습니다.[6] 이론교과가 아닌 실기교과라면 행위의 조건, 정도를 포함하여 구체적으로 기술할 수 있습니다.

인지적 영역	정의적 영역	심리운동적 영역
기억	수용	모방
이해	반응	조작
적용	가치화	정교화
분석	개념화	기계화
종합	인격화	숙달
평가		

(단순 능력)

(고차원적 능력)

강의계획서에 강의목표를 제시할 때 구체적인 행위동사로 어떤 것을 써야 할지 막연하다면 아래 인지적 영역의 행위동사 예시를 참고하세요.[7]

평가 내·외적 기준에 비추어 가치나 중요성을 판단하는 능력

활용 평가하다. 비교하다. 결론을 내리다. 대조하다. 비평하다. 기술하다.
동사 변별하다. 설명하다. 정당화하다. 해석하다. 관련시키다. 요약하다. 주장하다.

평가 / evaluation

종합 요소나 부분을 결합하여 새로운 전체를 구성하는 능력
독특한 의사소통의 창안, 추상적인 관계를 도출하는 능력

활용 분류하다. 결합하다. 구성하다. 창작하다. 설계하다. 설명하다.
동사 수정하다. 조직하다. 계획하다. 재구성하다. 교정하다. 통합하다.

종합 / synthesis

분석 자료의 구성요소, 요소 간의 관계, 조직의 원리를 분석하고 발견하는 능력

활용 분류하다. 도표화하다. 변별하다. 구별하다. 확인하다. 분석하다.
동사 추리하다. 지적하다. 관련시키다. 선택하다. 분리하다. 세분하다.

분석 / analysis

적용 이미 학습한 내용을 새로운 구체적 사태에 사용하는 능력

활용 변경하다. 계산하다. 논증하다. 발견하다. 조작하다. 수정하다.
동사 예측하다. 준비하다. 생산하다. 해결하다. 사용하다. 다룬다.

적용 / apply

이해 의사전달의 내용이나 자료의 의미를 파악하는 능력

활용 전환하다. 구별하다. 추정하다. 예측하다. 설명하다. 일반화하다.
동사 추리하다. 예를 들다. 다른 말로 바꾸어 말하다. 요약하다. 번역하다.

이해 / understand

지식 과거에 학습한 내용을 그대로 기억하고 상기해 내는 능력

활용 정의하다. 기술하다. 확인하다. 명명하다. 열거하다. 연결시키다.
동사 요약하다. 회상해내다. 선택하다. 지적하다. 진술하다.

지식 / knowledge

Bloom의 교육목표 분석을 위한 동사 분류

셋째, 대학의 강의는 동떨어진 섬이 아니라 대학 전체의 교육목표, 학과의 교육과정과 연계되어 있어야 합니다. 따라서 강의목표를 설정하기 전에 우선 강의가 개설된 학교, 학과의 교육목표에 대해 살펴보고, 다른 교과목과의 계열성에 대해서 검토해볼 필요가 있습니다. 그 밖에 최근 학계 동향, 사회의 요구에 대한 분석도 필요합니다. 아울러 강의를 들을 학생들의 특성에 대해서도 알아보고 그에 맞게 목표를 설정해야 합니다.

강의내용

강의내용은 한 학기 동안 다룰 "지식 또는 교과"와 "경험"으로 보통 강의계획서에서는 주차별 계획의 강의주제 및 강의내용으로 제시됩니다. 일반적으로 대학에서는 주교재 한 권을 선택하여 한 학기 동안 처음부터 끝까지 가르치거나 강의시간이 허락하는 범위까지만 가르치기도 하는데 이는 적합한 방법이라고 할 수 없습니다.

교수는 교과목에 대한 다양한 지식과 정보들을 충분히 검토하여 교수목표를 달성하는데 적합하고, 꼭 알아야 할 것이 무엇인지 확인하고, 강의목적, 강의시간, 학생 수 등을 종합적으로 고려하여 강의내용을 선정하고, 내용의 논리성, 중요도 등을 고려하여 순서를 배열해야 합니다. 이를 위해 교육목표와 본질적인 관련이 있는 학습경험이 무엇인가, 이 학생의 필요와 요구는 무엇인가, 지루하지 않도록 다양한 자극과 관심을 어떻게 줄 것인가를 고려해야 합니다.

이 모든 정보 중에서
강의시간에는
어디까지
어떤 방식으로
제시할 것인가?

작성방법

첫째, 주차별 일정은 학생들에게 일종의 학습계획표가 될 수 있으므로 날짜를 명기하고, 되도록 학사일정 및 공휴일 등을 확인하여 휴강 및 보강 일정까지 정확하게 표기해야 합니다.

둘째, 강의내용을 선정하고 조직한 후 주차별 강의내용에는 강의 주제와 세부내용을 기술합니다. 그 외에도 강의내용의 핵심 키워드나 질문을 제시할 수도 있습니다.

셋째, 강의내용뿐만 아니라 강의방법(학습활동), 강의자료, 퀴즈나 시험일자, 과제 제출기한, 그리고 해당 주에 다룰 교재 범위를 장 또는 쪽수까지 자세히 명시해주는 것이 좋습니다.

강의방법

강의방법은 강의목표를 달성하기에 가장 적합한 방법을 선택해야 합니다. 대학에서 주로 활용하는 강의방법은 강의, 발표, 토론 등으로 매우 한정적이었으나 최근에는 수동적 학습방법의 한계에 대한 인식과 학생들이 자기 주도적으로 참여하는 학습의 중요성이 부각됨에 따라, 액션러닝, 문제중심학습, 캡스톤디자인, 플립드 러닝 등의 학생 참여식 수업이 늘어나고 있습니다. 특히 플립드 러닝(Flipped Learning)은 강의식 수업을 보완하면서 다양한 참여식 수업과 결합될 수 있어 대학마다 적극적으로 교과목을 개발하고 있습니다.

강의방법을 선택할 때에는 학생들에게 목표 달성에 필요한 학습경험의 기회를 어떻게 제공할 것인가, 다양한 경험을 제공하고 있는가, 만족을 느끼는 경험을 할 수 있는가, 현재 수준에서 가능한 경험인가, 의도하지 않은 결과가 초래되지 않겠는가 등을 다각도로 충분히 검토해야 할 것입니다. 여러 가지 강의방법 중 강의목표를 달성하기에 가장 적합한 강의방법을 선택하되, 한 과목을 강의한다고 하더라도 필요에 따라 여러 가지 방법을 병행하여 사용할 수 있습니다. 교수 자신이 가장 자신 있고 익숙한 방법을 사용하는 것도 중요하지만, 학생 입장에서 최선의 수업방법을 고려하고 선택하여 이를 적절히 활용할 필요가 있습니다.

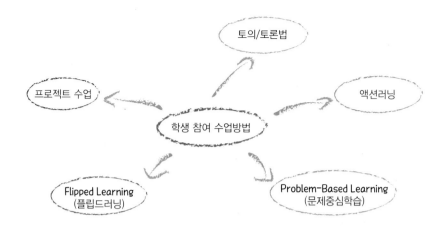

작성방법

첫째, 강의방법이 무엇인지 학생들에게 안내해주어야 합니다. 강의방법에 대해 안내한다는 것은 일정과 절차를 안내하는 것뿐만 아니라 왜 그 방법이 필요한 것인지에 대해 설득하는 과정까지 포함합니다.

둘째, 다양한 강의방법을 혼용한다면, 주차별로 어떤 강의방법으로 진행될지 학생들에게 안내해야 합니다. 특히 학생들에게 익숙하지 않은 새로운 교수방법을 도입하거나 여러 가지 방법을 병행할 때 일정, 진행방식, 시간 배분, 집단구성 및 유의점 등에 대해 강의계획서에 보다 상세한 가이드라인을 제시해주는 것이 바람직합니다.

셋째, 강의방법을 고려할 때 수업에 적합한 교수매체를 선택해야 합니다. 일반적으로 강의계획서 작성단계에서 고려하지 않는 경우가 많으나 어떤 종류의 매체를 사용할 것인지, 한 학기 중 언제쯤 사용할 것이고, 언제부터 이를 준비할 것인지 미리 결정해두면 좋습니다.

평가방법

학습자의 학습목표 성취 정도를 측정하고 그 가치를 평가하는 것을 평가라고 합니다. 평가는 학생의 학업 성취를 진단하고 성적을 부여할 뿐만 아니라 수업 개선을 위한 자료로 활용될 수도 있습니다. 평가의 공정성을 높이고, 교육적 활용도를 높이기 위해서는 교육목표, 강의내용 및 방법에 부합하는 평가 계획을 수립하고, 이를 강의계획서에 정확하게 공지하여 학생들이 숙지할 수 있도록 하는 것이 중요합니다.

첫째, 교수는 강의목표와 학습활동을 고려하여 이에 적합한 평가계획을 수립해야 합니다.

둘째, 평가계획을 수립할 때에는 평가내용, 방법, 비율뿐만 아니라 시기, 절차, 그리고 평가기준에 대해서도 구체적으로 계획을 세우고 강의계획서에 제시해야 합니다.

셋째, 강의계획서에는 시험, 과제 등 평가에 대해 명확히 기술하고, 학생들에게 구두로도 다시 안내하여 강조할 필요가 있습니다.

기타

강의계획서에서 중요한 부분 중 하나가 교재에 대한 정보를 제공하는 것입니다. 주교재와 부교재, 또는 참고문헌에 대한 정보는 저자명, 도서명, 출판년도, 출판사 등을 포함하여 구체적으로 제시할 필요가 있습니다. 또한 이전 학기에 사용했던 교재라 하더라도 혹시 절판되어 학생들이 구입하기 어려운 교재는 아닌지 매 학기 확인할 필요가 있습니다. 최근에는 다양한 온라인자료를 강의에 활용하는 사례가 증가하고 있습니다. 이 경우에는 학생들에게 자료의 접근방법을 자세히 안내해주고 활용에 있어서도 학습윤리를 지킬 수 있도록 지도해야 합니다. 이 외에도 전반적인 학습윤리(출석, 보고서와 과제물 작성, 협동학습, 시험, 학습공간에서의 태도 등)와 관련하여 교수가 중요하게 생각하는 원칙이 있다면, 미리 강의계획서에 제시해주는 것도 한 방법이 될 수 있습니다.

지금까지 강의계획서 구성요소별 작성법에 대해 살펴보았습니다. 그러나 세상에서 가장 아름다운 눈, 코, 입을 모아 놓는다고 해서 완벽하게 아름다운 얼굴이 될 수 없듯이 요소별로 완벽한 강의계획서를 작성한다고 해서 완벽한 강의계획서가 되는 것은 아닙니다. 이를 위해서는 강의목표, 내용, 방법, 그리고 평가 등 각각의 요소가 서로 유기적으로 연계될 수 있도록 작성하는 것이 가장 중요합니다. 또한 그것이 교수자의 스타일에 맞고 학생들의 눈높이에 적합하게 제시될 때 제대로 기능할 수 있을 것입니다. 무엇보다도 교수자도 학생도 실제 수업 상황을 고려하여 실현가능한, 지킬 수 있는 강의계획을 수립하는 것이 중요합니다.

최근에는 MOOC(Massive Open Online Courses), OCW(Open Course Ware)를 통해 강의계획서뿐만 아니라 다양한 강의자료(OER, Open Education Resources)들이 공개되고 있습니다. 따라서 강의계획서를 작성할 때에 조금 다른 시도를 해보고 싶다면, 이러한 다양한 공개자료를 참고하여 작성하는 것도 한 방법이 될 수 있습니다.

지금까지 강의계획서 작성방법에 대해 알아보았습니다. 혹 앞에서 제시한 중요한 원칙들이 강의계획서에 잘 반영되었는지 확인하고 싶다면 아래 체크리스트를 통해 점검해보세요.

강의계획서 체크리스트

구분	내용	Yes	No
강의 목표	교육을 통해 학생이 달성했으면 하는 바를 제시하였는가?		
	변화되기를 기대하는 학생의 행위를 포함하여 기술하였는가?		
강의 내용	주별 강의내용은 강의목표와 연계성을 가지도록 구성하였는가?		
	주별 강의내용을 상세하게 기술하였는가?		
강의 방법	강의방법은 강의목표와 강의내용에 근거하여 적절한 방법을 선택하였는가?		
	강의방법에 대해 학생들이 이해할 수 있도록 구체적으로 진술했는가?		
평가 방법	평가 방법 및 비율이 강의목표, 강의내용 및 방법을 고려했을 때 적절한가?		
	평가기준이 명확하게 제시되어 있는가?		
	시험 및 과제의 일정, 내용, 방법을 상세하게 안내하였는가?		
강좌 규정	출석 규정, 과제제출 규정 등이 명시적으로 제시되었는가?		
	학습윤리가 명시적으로 제시되었는가?		

구분	내용	Yes	No
강좌 정보	강좌정보를 충실히 제공하였는가? (교과목명, 학수번호, 이수구분, 강의시간, 강의장소, 학점, 수강대상, 선수과목 등)		
	수업 전에 수강생이 이미 숙달하고 있어야 할 지식이나 기술을 '수강요건'으로 제시하였는가?		
	교재 및 참고문헌에 대한 정보를 충분히 제공하였는가? (제목, 저자, 연도, 출판사, 주차별 해당 페이지 등)		
교수 정보	교수자 정보를 정확하게 입력하였는가? (교수자명, 전화번호, 면담장소, 시간, 이메일, 교수자 개인정보 등)		
기타	주별 강의계획 작성 시 학사일정을 고려하였는가?		
	효율적인 수업진행에 필요한 환경(예: 온라인 학습자료, 이클래스)을 확인하고 수강생이 이용할 수 있도록 강의계획서에 제시하였는가?		
	이전에 진행된 강의의 장·단점을 파악하여 강의계획에 반영하였는가?		

강의계획서를 어떻게 활용해야 하는가?

강의계획서를 잘 작성하는 것만큼이나 중요한 것은 제대로 활용하는 것입니다. 앞의 비유로 다시 돌아가서 학생들과 함께 같은 목적지로 여행을 떠나려면, 그리고 길을 가는 도중 잘못된 길로 들어선 것은 아닌지 학생 스스로 점검하고 교수도 챙길 수 있으려면, 제대로 지도를 작성하는 것만큼이나 학생들에게 미리 지도를 제시하고, 잘 활용할 수 있도록 안내해주어야 합니다.

그러기 위해서는 첫째, 학생들이 수강 신청 전에 강의에 대한 정보를 얻는데 활용할 수 있도록 강의계획서를 미리 제공해주어야 합니다. 둘째, 첫 시간에 한 학기 강의의 목표와 방향을 학생들이 숙지하고 함께 나아갈 수 있도록 강의계획서에 대해 정확하게 안내해주어야 합니다. 셋째, 강의 중간중간 강의계획서를 함께 보며 계획한대로 잘 진행되고 있는지를 점검하고 조정해나가야 합니다. 이를 통해 학생들도 강의계획서를 따라가며 자기주도적인 학습을 해나갈 수 있을 것입니다.

CHAPTER 3

학기초반,
학습 분위기
만들기

티칭 룰스

편안함과 소속감부터 충족시키기

공부하고 싶은 학습 분위기를 만들어야 효과적인 강의와 학습을 기대할 수 있습니다. 하지만 강의계획서를 충실히 작성하거나 강의 준비를 철저히 했어도, 그리고 강의경력이 많이 쌓여도, 여전히 공부하고 싶은 학습 분위기를 만드는 일은 어려운 일입니다. 학습 분위기가 형성되어야 교수는 준비한 대로 강의를 진행할 수 있고, 학생도 집중해서 학습하고자 하는 동기가 생깁니다. 그래서 이번 장에서는 편안한 학습 분위기를 만들기 위해 교수가 가져야 하는 마음가짐과 더불어 학습동기부여 전략에 대해 이야기하고자 합니다.

학습 분위기 만들기의 출발점은?

매슬로우의 욕구 5단계 이론을 들어본 적이 있으실 것입니다. 욕구 단계 이론은 에이브러햄 매슬로우가 1943년에 발표한 논문 "인간 동기 이론(A theory of human motivation)"에서 주장한 것으로, 이는 임상 실험에서 관찰한 사람들이 소유하고 있는 주요한 욕구들을 단계화함으로써 하나의 이론으로 발전시킨 것입니다. 인간의 욕구에 위계적, 계층적 질서가 존재한다는 의미를 담아 욕구 위계 이론이라고도 하며 창제자의 이름을 따서 '매슬로우의 욕구 이론'이라고 부릅니다.

자아실현의 욕구
(Self-actualization)

존경의 욕구
(Esteem)

사랑과 소속감의 욕구
(Love & Belonging)

안전의 욕구
(Safety)

생리적 욕구
(Physiological)

매슬로우의 욕구단계이론(Maslow's hierarchy of need)

매슬로우는 인간의 욕구를 우성 계층(hierarchy of prepotency)의 순으로 배열되어 있다고 보았습니다. 즉, 어떤 욕구는 다른 욕구보다 우선권을 가진다는 것인데, 이러한 욕구의 위계적 계층은 고정되어 있다기보다는 상대적으로 나타나는 것으로서 하위 계층의 욕구가 어느 정도 충족되면 상위 계층의 욕구가 나타납니다. 욕구 피라미드의 하단에 위치한 4개 층은 가장 근본적이고 핵심적인 욕구로 구체적으로는 생리적 욕구, 안전의 욕구, 애정과 소속의 욕구, 그리고 존중의 욕구입니다.

생리적 욕구(physiological needs)

인간에게 나타나는 가장 기본적이면서도 강력한 욕구로 인간 생존을 위해 물리적으로 요구되는 필수 요소이며 음식, 물, 성, 수면, 항상성, 배설, 호흡 등에 대한 욕구입니다.

안전의 욕구(safety needs)

두려움이나 혼란스러움이 아닌 평상심과 질서를 유지하고자 하는 욕구로 생리적 욕구가 어느 정도 충족되면 안전의 욕구(safety needs)가 우위를 차지합니다. 인간은 개인적 안정, 재정적 안정, 건강, 사고나 병으로부터의 안전을 추구합니다.

애정과 소속의 욕구(need for love and belonging)

사회적으로 조직을 이루고 그곳에 소속되어 함께하려는 성향으로 사회적인 상호작용을 통해 전반적으로 원활한 인간관계를 유지하고자 하는 욕구입니다. 많은 사람들은 사랑과 소속의 욕구가 결핍되었을 때 외로움이나 사회적 고통을 느끼며, 스트레스나 임상적인 우울증 등에 취약해집니다.

존중의 욕구(need for esteem/respect)

존중은 타인으로부터 수용되고 가치 있는 존재가 되고자 하는 인간의 전형적인 욕구입니다. 인간은 스스로가 자신을 중요하다고 느낄 뿐 아니라 다른 사람으로부터도 인정을 받아야 비로소 궁극적인 의미에서 존중의 욕구가 충족되었다고 볼 수 있습니다. 존중의 욕구가 결여되었을 때 사람들은 낮은 자존감, 열등감, 나약함, 무력감을 느낍니다.

이 네 가지 욕구는 충분히 충족되지 않거나 부족할 경우 문제를 일으킬 수 있기 때문에 매슬로우는 이들을 '결핍 욕구(deficiency needs)', 혹은 줄여서 'd 욕구(d-needs)'로 명명했습니다. 이러한 기본적인 욕구가 충족되고 나서야 사람들은 부차적인 혹은 상위 단계의 욕구에 대해 강한 열망을 가지게 됩니다. 상위 단계는 자아실현의 욕구입니다.

자아실현의 욕구(self-actualization needs)

욕구 피라미드의 최상부에 위치한 자아실현의 욕구는 각 개인의 타고난 능력 혹은 성장 잠재력을 실행하려는 욕구라 할 수 있습니다. 자아실현의 욕구는 자신의 역량이 최고로 발휘되기를 바라며 창조적인 경지까지 자신을 성장시켜 자신을 완성함으로써 잠재력의 전부를 실현하려는 욕구입니다. 중요한 것은 이러한 방향이 자기 내면의 경험을 기반으로 반추하면서 내재적 동기가 중심이 되어 이루어져야 한다는 것입니다.

교육에 있어서 자아존중감, 자아실현은 매우 중요합니다. 하지만 이 단계가 완성되기 위해서는 그 이전 단계인 소속과 안전의 욕구가 충족되어야 합니다. 하지만 간혹 교실에서 이 사실을 잊고 계신 거 같습니다. 학생들은 지금 듣는 강의에 내가 소속되어 있고 안전하다고 느낄 때 그 다음 단계인 자아존중, 자아실현을 위해 공부를 하고자 하는 욕구가 생깁니다. 따라서 학생들에게 학습하고자 하는 동기를 부여하는 학습 분위기를 만들고 싶다면 안전감과 소속감부터 구축해야 합니다. 그렇다면 강의실에서 학습자들은 어떤 경우에 안전감과 소속감을 느낄까요?

학습에서의 안전감과 소속감

인간은 본능적으로 무리 짓는 종족이기 때문에 최고의 안정감은 집단 안에 속한다는 느낌을 받을 때입니다. 학생들은 세 가지 안전평가를 한 뒤 집단에 속할지 말지를 결정한다고 합니다. 첫째, '교수의 신뢰성'으로 가르치는 사람이 믿을 만한가? 둘째, '교수의 붙임성'으로 가르치는 사람에게 다가서기 쉬운가? 셋째, '동료들과의 친밀성'으로 동료들과 가까워질 수 있는가?입니다.

이 세 가지 평가에서 높은 점수를 받기 위해 교수는 다음 전략을 적용해 볼 수 있습니다. 첫째, '안심지역'을 설정하여 신뢰를 강화하는 것입니다. 학생이 교수에게 접근하기 어려워하거나 위협적으로 느끼는 요소가 무엇일까요? 예컨대, 교수의 명성과 권위가 너무 높게 느껴진다면 학생들은 쉽게 다가서기 어렵습니다.

> "친밀감 있는 교사는 학생들의 주의를 끈다. 친밀감이 있는 교사는 교실 곳곳을 돌아다니고, 눈을 맞추고, 다양한 목소리를 내고, 이름을 부르는데 이런 모든 것이 학생들의 주의를 환기시킨다. 이는 학생들의 자신감을 갖도록 하고 학생들 사이에 긍정적인 감정이 생겨나게 해서 성공적인 학습이 이루어질 수 있는 환경을 만든다. 이런 교사에게 배운 학생들은 친밀감이 낮은 교사에게 배운 학생보다 학습에 대해 더 높은 만족감을 보인다.[1]"

교수님이 먼저 무장해제하시는 것은 어떨까요? 교수의 권위, 업적을 내세우기보다는 당신도 인간에 지나지 않는다는 사실을 알려주세요. 우선 미소에서부터 출발해 보세요. 우리는 생각보다 무표정한 경우가 많습니다. 그것이 딱히 어떤 부정적 의도가 있는 것은 아님에도 불구하고 학생들이 교수를 어렵게, 또는 무섭게 여기게 합니다. 이제 강의 시간에 의식적으로라도 미소를 짓도록 노력해 보세요. 그리고 학생들의 이름을 불러주고 눈을 맞춰주세요. 그 외에 유머 사용하기, 학생의 관점에서 말하기, 학생들의 활동 칭찬하기 등을 활용한다면 더욱 효과적입니다.

둘째, 학생들끼리 레포를 형성할 수 있는 기회를 제공하는 것입니다. 모르는 사람 앞에서 자신의 생각과 의견을 말하는 것은 쉬운 일이 아닙니다. 특히 대형

교양 강의는 더욱 그러할 것이며, 최근에는 전공필수가 줄고, 복수전공 등이 증가하면서 전공강의에서도 학생들끼리 서로 잘 알지 못하는 경우가 늘고 있습니다. 이에 반해 참여식 수업이 강조되면서 학생이 함께 학습활동을 해야 하는 경우는 강의 현장에서 점점 증가하고 있습니다. 낯선 사람과 학습활동을 하는 것은 쉬운 일이 아닙니다. 학생들끼리 서로 친해질 수 있는 기회도 주지 않고 학습활동하는 것은 학생들의 소속의 욕구가 충족되지 못한 상태이므로 효과적인 결과물을 기대하기 어렵습니다. 즉, 친밀감과 소속감을 느낄 수 있도록 개입이 필요합니다. 이를 위해 강의 초반에 간단한 활동을 통해 서로 알아갈 수 있는 기회를 주거나, 수업 중간중간 학생들이 학습내용과 관련해서 서로의 의견을 가볍게 나눌 수 있는 활동을 추가할 필요가 있습니다. 소속감이 생기고 친밀감이 생겨야 학생들은 마음을 열고 수업에도 집중할 수 있습니다. 이를 위한 활동은 본서 7장을 참고하시면 됩니다.

셋째, 의사소통 방식을 정례화하는 것도 심리적 안전감을 느끼게 할 수 있는 한 방법입니다. 한 연구에 따르면, 우리 대학의 학생들은 교수가 강의를 할 때 질문 등의 소통을 시도하는 것에 대해 교수의 강의 또는 다른 학생의 학습을 방해한다고 생각하여 부담을 느낀다고 합니다.[2] 그러므로, 이러한 부담을 덜 느끼도록 강의시간 중간중간 모든 학생을 대상으로 전체 질문을 받는다든지, 강의 종료 후 바로 강의실을 나가지 않고 잠시 남아 있어 개별적으로 이야기를 나누고 싶은 학생들이 찾아올 수 있도록 할 수도 있습니다. 또는 이것이 여의치 않다면 카카오톡, 이클래스 등 온라인상의 소통창구를 마련할 수도 있을 것입니다. 단, 학생들과 의사소통 방식을 정할 때에는 교수 본인이 익숙한 방법으로 선택하고, 그렇게 정해진 것은 반드시 지켜야 합니다.

학습동기 유발하기

강의현장에서 가장 중요하게 다루는 문제 중 하나는 학생의 학습동기를 일으키는 것입니다. 교수는 학습동기를 유발하기 위해 많은 노력을 합니다. 교수가 학생의 동기유발을 위해 주로 사용하는 방법은 학습자의 자아실현의 욕구를 자극하는 것입니다. 예를 들어, 교수는 '이 부분을 열심히 공부하면 나중에 이런이런 분야로 진출할 수 있어요.', '이 영역에서 일하고 있는 선배는 학생시절에 이런이런 일을 했어요.', '이 이론을 확실히 익히면 이런이런 역할을 수행하는 전문가가 되어 여러분이 하고 싶었던 일을 할 수 있게 됩니다.'라고 직접적으로 학생의 자아실현 욕구를 자극하려고 합니다. 그리고 실제로 많은 교육학 책에서 학생의 학습 동기를 자극하는 방법으로 지금 배우는 내용이 나중에 어떻게 활용될 수 있는지를 학생들에게 알리라고 조언하고 있습니다. 하지만 매슬로우의 욕구 5단계 이론을 잘 이해했다면 학습동기를 유발하기 위해서는 자아실현욕구 이전의 하위 단계인, 생리적 욕구, 안전의 욕구, 애정과 소속의 욕구, 존중의 욕구가 우선 충족되어야 한다는 것을 알 수 있습니다.

학생들이 수업환경이 두렵지 않도록, 원활한 관계형성을 통해 소속되어 있고, 인정받고 있다고 느낄 수 있도록 해주셨다면 자아실현을 위해 학습할 준비가 되었으니, 이제 학습동기를 자극할 수 있는 전략을 알아보겠습니다.

ARCS 동기 모델

'말을 물가로 끌고 갈 수는 있어도 물을 마시게 할 수는 없다.' 그러므로 결국 학습은 학생의 몫이라고 말씀하시는 교수들을 자주 봅니다. 저도 그 생각에 동의합니다. 그러나 학생마다 학습동기의 정도가 다양해진 지금은 일단 물에 대해 관심을 가질 수 있도록 한 발 더 내딛어 물맛이라도 볼 수 있도록 하는 교수의 노력이 필요합니다. 학습동기 유발은 학생이 즐겁게 학습하고 열정적으로 참여할 수 있게 해줄 뿐만 아니라 교수·학습의 효과를 긍정적으로 이끄는 원동력이 됩니다. 학습동기는 학습행동을 시작하고, 방향을 결정하며, 끈기와 강도를 결정하는 힘으로서,[3] 학습의 만족도, 학업성취도, 자기효능감과 같은 학습효과에 긍정적인 영향을 미치는 주요 요인입니다.[4] 그러나 학생들이 학습에 관심을 갖고 흥미와 동기를 갖도록 하는 것은 쉽지 않습니다. 여기서는 켈러가 제시한 ARCS 동기 모델을 통해 동기를 부여하는 방법을 소개하고자 합니다.

ARCS 동기 모델이란 교수자가 적극적으로 학습자들의 학습동기를 유발시키고 지속시키기 위해 학습 환경의 동기적 측면을 설계하는 문제 해결전략을 말합니다. 켈러의 ARCS 학습동기 이론은 동기에 관한 각종 이론 및 연구결과를 통합하여 이를 체계화한 것으로, 인간의 동기를 결정짓는 여러 가지 변인들과 그에 관련된 구체적 개념들을 통합하여 네 개의 개념적 범주를 제시하였습니다.[5] 네 가지 요인은 주의(Attetion), 관련성(Relevance), 자신감(Confidence), 만족감(Satisfaction)이며 글자 첫 머리를 따서 ARCS 동기 모델이라고 명명한 것입니다.

ARCS 동기 모델

첫째, 주의(Attention)는 호기심과 주의를 획득하는 데 도움을 주는 요소를 가리킵니다. 이는 단순한 감각적 관심이 아니라 지적인 호기심과 탐구를 유발하여 학습에 대한 주의를 유지시키는 것을 말합니다. 둘째, 관련성(Relevance)은 '내가 왜 이것을 공부해야 하는가?'란 질문에 대한 답을 의미하며, 학습의 과정이 개인의 요구나 특성에 맞게 전개될 때 학습자가 관련성을 지각하게 된다고 합니다. 셋째, 자신감(Confidence)은 학습자가 학습 수행 그 자체를 지속하게 만드는 동기 요건으로 성공에 대한 기대를 가리킵니다. 넷째, 만족감(Satisfaction)은 학습자의 노력에 대한 결과가 기대와 일치하고 스스로 학습결과에 대해 만족할 때 학습동기가 계속 유지된다는 원리에 입각하고 있습니다.

아래 표는 각 요인별로 어떤 요소가 있는지, 그에 해당하는 교수가 어떤 질문을 가지고, 어떤 전략을 활용할 수 있는지를 정리한 것입니다. 이 표는 내가 강의를 진행할 때 혹시 고려하지 못했던 점은 없는지, 이를 개선하기 위해 어떤 전략을 활용할 수 있을지를 검토하는 데 활용하실 수 있게 강경리의 연구를 정리한 것입니다.[6]

동기요인		과정 질문	주요 교수 전략
주의	지각적 각성	흥미를 끌기 위해 무엇을 할 수 있을까?	• 동영상 등 시청각 매체의 활용 • 새로운 접근 등을 통해 호기심과 놀라움 유발
	탐구적 각성	탐구하는 태도를 어떻게 유발할까?	• 질문, 역설, 탐구, 도전적 사고양성을 통한 호기심과 놀라움 유발
	변화성	주의집중을 어떻게 지속시킬 수 있을까?	• 자료 제시, 구체적인 비유, 흥미로운 사례, 예측하지 못한 사건 변화를 통해 흥미 지속
관련성	친밀성	수업과 학생들의 경험을 어떻게 연결시킬까?	• 학습자가 흔히 접하는 주변 환경 활용 • 친밀한 인물 혹은 사건의 활용 • 구체적이고 친숙한 그림의 사용 • 친밀한 예문 및 배경지식의 활용
	목적 지향성	학습자의 요구를 어떻게 최적으로 충족시켜 줄 수 있을까?	• 학습효과를 높이기 위한 목표 및 예시 제시 • 실용성에 중점을 둔 목표 제시 • 목적지향적인 학습형태 활용
	동기 부합성	수업을 학습자의 학습양식과 개인적 흥미에 언제, 어떻게 연결시킬까?	• 다양한 수준의 목적 제시 • 학업성취 여부의 기록 활용 • 비경쟁적 학습상황 및 협동적 상호학습 상황 제시
자신감	성공 기회	성공에 대한 긍정적인 기대감을 어떻게 키워 줄 수 있을까?	• 실제적인 성공의 경험 제공 • 쉬운 것부터 어려운 것으로 과제 제시 • 다양한 수준의 난이도 제공
	개인적 조절감	자신의 성공이 노력과 능력에 의한 것임을 어떻게 알 수 있을까?	• 학습과정에 대한 자기 통찰력 육성 • 다양한 과제 및 난이도에 대한 선택지 제공 • 노력이나 능력에 성공 귀착
만족감	내재적 강화	학습에 대한 학습자들의 내재적 즐거움을 어떻게 격려하고 지원할까?	• 긍정적인 느낌을 줄 수 있는 피드백과 정보 제공
	외재적 보상	학습자의 성공에 대한 보상으로 무엇을 제공할까?	• 칭찬과 격려 • 인센티브 제공
	공정성	어떻게 하면 공정한 평가를 할 수 있을까?	• 일관성 있는 평가 • 수업목표와 내용의 일관성 유지 • 연습과 시험내용의 일치

지금까지 매슬로우의 5단계 욕구설에 기반하여 편안하고 공부하고 싶은 학습 분위기를 만드는 방법과 ARCS 동기 모델에 대해 알아보았습니다. 안전, 소속, 존중에 대한 욕구가 충족되지 않은 상태에서 학생의 학습동기를 이끌어내는 학습 분위기를 조성하는 것은 어렵다는 사실을 기억하시고 학생이 안전감과 소속감을 느낄 수 있도록 해 주세요. 그리고 그 바탕 위에서 학습동기를 자극할 수 있는 다양한 전략들을 활용해 보세요.

CHAPTER 4

학생의 이해

티칭 룰스

같은 듯 다른 학생을 이해하라

강의실에 모여 있는 학생들, 같은 듯 하지만 학습 양식도, 학습 수준도, 그리고 관심과 흥미도 너무 다르지요? 이 장에서는 강의실에서 만나는 학생의 다양한 특성을 좀 더 자세히 살펴보고, 어떻게 대처해야 할지 이야기를 나누어보고자 합니다.

학습 양식의 다양성

학생들은 다양한 방법으로 배웁니다. 지식이나 정보를 받아들일 때 말로 듣기를 좋아하는 학생이 있는가 하면, 그림이나 영상으로 보는 것을 좋아하는 학생도 있습니다. 또한 같은 개념이라도 하나씩 순서대로 알아가는 것을 선호하는 학생이 있는가 하면, 전체를 한 눈에 살펴 본 뒤에 부분을 맞춰 나가는 학생들도 있습니다. 학생들이 학습을 하는데 선호하는 특징들의 결합을 학습양식이라고 합니다. 특히 대학생의 경우 인지적 성숙의 완성으로 선호하는 학습양식이 고정화되기 쉬워 이에 대한 이해가 필요합니다. 펠더와 솔로몬은 학습양식 검사문항을 개발하여 인터넷 상에 공개하고 있는데,[1] 그에 따르면 학습양식은 4개 차원 8개 영역으로 구분됩니다.[2]

정보입력 방법

시각적 학습자	언어적 학습자
• 그림, 도형, 개요 등 시각적인 정보를 선호한다	• 글, 대화 등 언어적인 정보를 선호한다

정보지각 형태

감각적 학습자	직관적 학습자
• 시각, 청각 등 감각 정보에 집중한다 • 현상을 보려고 한다 • 사실과 데이터를 원한다 • 표준방식대로 문제를 해결한다 • 세세한 내용을 참을성 있게 대한다 • 실생활과 무관한 강의를 싫어한다	• 직관적인 정보에 집중한다 • 의미를 찾으려 한다 • 이론과 모델을 원한다 • 다양성을 좋아하고 반복을 싫어한다 • 세세한 내용을 따분해한다 • 원리 원칙대로의 강의를 싫어한다

정보처리 방법

활동적 학습자	숙고적 학습자
• 적극적인 활동을 하면서 정보를 처리한다 • 생각을 말로 표현한다 • 행동으로 뛰어든다 • 그룹으로 일하는 것을 좋아한다	• 혼자 생각한다 • 생각을 정리한 후 행동으로 옮기는 것을 선호한다 • 혼자나 둘이 일하기를 선호한다

정보이해 과정

순차적 학습자	총체적 학습자
• 정보를 단계적인 과정을 통해 이해한다 • 분석을 잘 한다	• 전체를 큰 그림으로 이해하는 것을 선호한다 • 통합을 잘 한다

　학생들이 이처럼 다양한 학습 양식을 가지고 있다면 교수는 어떻게 해야 할까요?

　첫째, 우선 교수 자신이 어떤 스타일인지 파악해야 합니다.

　교수가 정보입력방식에서 언어적인 정보를 선호한다는 것은 자칫 시각적인 학습자에게는 익숙하지 않은 방식으로 대부분의 정보를 제공하거나 표현하게 한다는 의미일 수도 있습니다. 따라서 교수 자신의 스타일을 파악하고, 혹 자신이 선호하는 한 가지 틀에만 맞추고 있지 않은지 점검해야 합니다.

둘째, 학생들의 스타일을 파악하여 강의에 활용합니다.

학기 초에 학생들에 대한 학습 양식을 진단하고(학습 양식 진단도구는 [부록] 참조), 그 결과를 참고하여 강의에 대한 정보를 제공할 때 학생들이 선호하는 방식을 좀 더 활용해보면 어떨까요? 또는 팀별 활동을 할 때 학습 양식 진단결과를 활용할 수도 있습니다. 예컨대, 같은 학습 양식을 가진 학습자들끼리 묶어 팀 간의 개성을 강화할 수도 있고, 서로 다른 학습 양식을 가진 학습자들끼리 묶어 상호 보완하도록 할 수도 있을 것입니다.

학습 수준의 다양성

10명 중 3명이 대학에 입학하던 예전에 비해 요즘에는 10명 중 8명이 대학에 입학합니다. 고교 교육과정의 다양화와 학생의 교과목 선택권 강화로 인해 같은 학과 학생들 중에도 물리를 들은 학생이 있고, 안 들은 학생도 있는 등 고등학교에서의 학습 이력이 다양해졌습니다. 게다가 필수교과가 줄고 선택교과가 늘어남에 따라 전공 강의실 안에도 다양한 학년, 다양한 선수과목을 들은 학생들이 늘어남에 따라 교수가 학생의 학습 수준을 가늠하여 "평균" 수준에 맞추어 강의를 진행한다는 것이 더욱 어려워졌습니다.

학습 수준의 차이를 고려하여 그에 맞는 교수·학습을 제공하기 위해서는 다양한 측면에서 변화가 필요합니다. 즉, 강의목표, 내용, 강의방법과 자료, 학습 집단 구성, 평가 등에 있어 기본방향을 설정하고, 현실적인 여건에 따라 조정해나갈 필요가 있습니다.[3]

개인차에 따른 주요 교수 전략

구분	주요 교수 전략
강의 목표	• 모든 학생이 성취해야 할 공통목표와 각 개인의 선택목표를 구분하여 제시 • 각 학생들의 학습수준과 양을 결정할 때 학생 각자의 의견 존중
강의 내용	• 학생의 학습 수준을 진단하고, 그에 맞게 강의 수준 결정 • 학생 스스로 자율적으로 학습할 수 있는 개별화 학습의 기회 제공
강의 방법	• 전체 학습 시간을 줄이고 개별학습과 그룹학습의 기회 제공 • 학생 특성과 교과목의 특성에 따라 융통성 있는 학습집단 조직·편성
평가 방법	• 진단평가나 형성평가 후에는 적절한 후속조치 • 학생의 학습사나 학습과정을 파악하여 적시에 적절하게 피드백 제공

첫째, 개인차를 고려하여 강의목표를 조정합니다.

강의 시작 전에 설정한 강의목표에 대한 점검이 필요합니다. 학습 수준의 차이가 클 때에는 강의목표를 단계적으로 제시하고, 모든 학생이 달성해야 할 최저 수준의 공통 목표를 설정하고 그에 중점을 두되, 더 높은 단계로 나아가기를 희망하는 학생들을 위한 별도의 안내를 해 줄 필요가 있습니다. 이는 학습의 수준과 양을 정할 때에도 마찬가지입니다. 모든 학생들이 반드시 읽어야 하는 것은 부담이 적은 교재로 하되, 참고자료의 목록을 함께 제시하여 심화학습을 할 수 있도록 안내해줄 수 있습니다.

둘째, 학생들의 학습수준을 파악하고, 그에 맞게 강의 내용과 수준을 결정해야 합니다.

학생들 간 학습수준의 차이가 크다면 전체 대상 강의는 어느 수준에 맞출 것인지, 그 외 다른 수준의 학생들을 어떻게 배려할 것인지를 고려하여 강의설계를 조정하여야 합니다. 아예 학습계약(learning contract)을 통해 스스로 학습내용과 속도를 결정하고 학습결과에 대해 책임을 지도록 할 수도 있습니다.

셋째, 참여식 강의 방법을 활용하여 학습 집단을 다양하게 구성합니다.

강의식 수업은 다양한 학습 수준의 학생들을 배려하기에 한계가 있을 수밖에 없습니다. 이럴 때 그룹학습은 그러한 한계를 메워주는 역할을 할 수 있습니다. 서로 다른 수준의 학생들끼리 묶어 협동학습을 하도록 할 수도 있고, 서로 같은 수준의 학생들끼리 묶어 그 학생들 수준에 맞는 보충지도를 할 수도 있습니다.

또는 너무 학습수준이 높거나 낮은 학생에게는 별도의 개별화 학습기회를 제공할 수도 있습니다. 어떻게 그룹지도와 개인지도를 할 것인가는 강의목표, 교과목 특성, 학생 특성에 따라 다양할 수 있습니다.

넷째, 평가 및 피드백을 충분히 활용합니다.

진단평가와 형성평가를 통해 학생들의 학습 수준을 파악하고, 그에 맞는 적절한 조치를 해야 합니다. 또한 학생들 역시 평가를 통해 자신의 학습수준을 파악하고 스스로 개선해나갈 수 있도록 평가 결과 및 피드백을 즉각 제시해줄 필요가 있습니다.

문화적 다양성

학습자의 문화적 다양성은 학생이 소속된 가족, 성, 세대, 지역, 인종·민족 등의 집단이 다양하다는 것을 의미합니다. 최근 대학에 진학하는 학생들의 성, 연령, 인종 등이 다양해지고 있으며, 특히 외국인 학생의 증가는 교육 분위기를 결정하는 데 중요한 요인으로 작용하고 있습니다. 이러한 문화적 다양성을 고려하는 수업 전략으로는 문화호응교수, 보편적 학습디자인 등이 있습니다.

첫째, 학생의 다양성을 수업의 자원으로 활용하라.

학생들이 문화적으로 다양할 때에는 그들의 특성, 경험, 관점 등을 강의에 활용할 수 있습니다. 이것을 문화 호응 교수(Culturally Responsive Teaching)라고 합니다. 문화호응교수 모형은 미리 정해진 수업계획에 따라 소극적으로 참여하는 강의실 풍토에서 소수자일 수밖에 없는 학생들을 고려하여 모든 학생들에게 높은 기대를 설정하고 이들이 적극적으로 참여할 수 있도록 수업을 설계하고 운영하는 것을 강조합니다. 예컨대, 최근 대학에는 중국인 학생들이 많이 증가하였습니다. 그러나 몇몇 소극적인 또는 부정적인 행동을 하는 중국인 학생들로 인해 중국인 학생들에 대해서는 부정적인 인식을 가지게 되는 경우도 있습니다. 그러나 교수가 어떻게 강의 분위기를 조성하고, 외국인 학생들을 배려하느냐에 따라 적극적이고 협력적인 학습 분위기가 조성될 수 있습니다. 또한 외국인 학생들은 한국어에 초점을 맞추면 결핍된 존재이지만, 글로벌화된 환경에서 다른 생각과 경험을 가지고 있다는 점에 초점을 맞춘다면 학습의 관점과 내용을 풍부하게 하는 귀중한 자원이 될 수 있습니다. 그들이 귀중한 자원이 될 수 있도록 연결고리를 만들어주는 것은 교수님의 몫입니다. 그에 대한 구체적인 교수전략은 다음과 같습니다.[4]

문화적 다양성을 고려한 교수전략

요소	주요 교수 전략
목표	• 모든 학생들에게 높은 기대 설정
내용/자료	• 학생들의 문화적 지식·경험을 이해하고 적합한 수업자료 선정 • 다양한 언어의 참고문헌 제시
방법	• 새로운 개념과 학생들의 선행 지식 및 문화적 경험과 연결고리 제시 • 문화적으로 친숙한 말과 이벤트 활용 • 학생들이 자신의 방식으로 지식을 조직·정교화·표현하도록 지원 • 학생들이 수업활동 계획을 세울 때 참여할 수 있도록 기회 제공 • 언어적 어려움이 있는 학생들을 고려하여 과제, 시험 등에 대한 중요한 정보는 구두 제시 이외에 공지문, 메일 등 문자로도 제공
평가	• 학생 참여, 포트폴리오 등을 통한 교수에 부합되는 평가 • 외국인 학생과 한국인 학생이 서로 불공정하다고 느끼지 않도록 합리적으로 평가

둘째, 다양한 학생들이 쉽게 접근할 수 있도록 설계하라.

보편적 학습설계(Universal Design for Learning)는 장애인이 공공건물 또는 공공장소를 원활히 활용할 수 있도록 건축을 디자인하는 보편적 디자인(Universal Design)으로부터 유래한 개념입니다.[5] 이에 따르면, 교수는 수업을 설계하는 단계에서부터 학생들이 정보 및 학습에 접근하는데 잠재적인 장애물을 확인하여 다양한 범주의 학생들이 보다 쉽게 학습에 접근하고 활용할 수 있도록 하는 것입니다.

기본원리	수업 디자인	사례
[내용 학습 지원] 다양하고 유연한 강의 방법 제공	• 다양한 사례 제공 • 비판적 특징 강조 • 다양한 매체와 형식 활용 • 배경 맥락 지원	• 다양한 버전의 이야기 • 시각적 개념 지도 • 전문가와 연결된 온라인 콘텐츠
[전략적 학습 지원] 다양하고 유연한 표현 및 실행방법 제공	• 숙련된 수행모델 제시 • 지원과 함께 실행 • 계속적인 피드백 제공 • 기능 드러내기	• 교사의 일반화 사례 • 동료들과 연결 관계 • 파워포인트, 개념 지도화하는 소프트웨어 활용
[정의적 학습지원] 참여를 위한 다양하고 유연한 대안 제공	• 학생들에게 내용과 도구 선택권 부여 • 지원과 쟁점 수준 조정 • 보상 선택권 부여 • 학습 환경 선택권 부여	• 학습을 위한 내용 선택 • 과정을 지원하는 사례 • 구조화된 동료피드백 체계화 • 웹디자인

    학생의 다양성을 바라보는 눈이 필요합니다. 아래 시는 나태주 시인의 풀꽃 2 입니다. 학생 각자를 좀 더 자세히 살피고, 그 안에서 개개인이 가지고 있는 다양성을 이해하게 되면 강의실에서 교수와 학생도 서로 좀 더 특별한 관계가 될 수 있지 않을까요?

> 이름을 알고 나면 이웃이 되고
> 색깔을 알고 나면 친구가 되고
> 모양을 알고 나면 연인이 된다
> 아, 이것은 비밀

다음 질문에 A 또는 B 중 한 가지를 선택해서 답해 주세요. 두 항목 모두 해당한다고 생각할 경우 좀 더 자주 일어나는 것을 선택해서 A, B 중 하나만 선택해주세요.

번호	체크	내용
1		A 나는 무언가를 실제로 해 본 후에 더 잘 이해한다
		B 나는 무언가를 곰곰이 생각해 본 후에 더 잘 이해한다
2		A 나는 현실적인 편이다
		B 나는 혁신적인 편이다
3		A 나는 어제 한 일을 이야기할 때, 그림 그리듯 묘사하는 편이다
		B 나는 어제 한 일을 이야기할 때, 스토리 위주로 설명하는 편이다
4		A 나는 세부적인 부분은 잘 이해하지만, 전체적인 구조에 대해서는 이해하기 어렵다
		B 나는 전체적인 구조는 잘 이해하지만, 세부적인 사항은 이해하기 어렵다
5		A 나는 새로운 것을 배울 때, 그것에 대해 이야기하는 것이 도움이 된다
		B 나는 새로운 것을 배울 때, 그것에 대해 생각하는 것이 도움이 된다
6		A 내가 선생님이라면, 객관적인 사실과 현실적인 구조를 가르치고 싶다
		B 내가 선생님이라면, 추상적인 개념이나 이론을 가르치고 싶다
7		A 나는 새로운 정보를 배울 때, 그림, 도표, 그래프 또는 지도를 사용하는 것이 좋다
		B 나는 새로운 정보를 배울 때, 말이나 글로 된 언어적 정보를 사용하는 것이 좋다
8		A 나는 부분부분을 이해한 후에 전체를 이해한다
		B 나는 먼저 전체를 이해하고 각 부분들이 어떻게 어울리는지 알게 된다
9		A 스터디 그룹에서 적극 참여하고 아이디어를 내는 편이다
		B 스터디 그룹에서 주로 뒤에 앉아서 듣는 편이다
10		A 나는 구체적인 사실을 배우는 것이 더 쉽다
		B 나는 추상적인 이론이나 개념을 배우는 것이 쉽다
11		A 그림과 차트가 많이 실린 책을 읽을 때, 그림과 차트를 자세하게 살핀다
		B 그림과 차트가 많이 실린 책을 읽을 때, 그림과 차트에 대한 설명을 집중하여 본다
12		A 수학 문제를 풀 때, 나는 차근차근 한 단계씩 문제를 풀어간다
		B 수학 문제를 풀 때, 나는 일단 답부터 본 후 풀이과정을 찾는다
13		A 나는 내가 듣는 수업에서 많은 학생들을 알게 되는 편이다
		B 나는 내가 듣는 수업에서 많은 학생들을 알게 되는 편이 아니다

번호	체크	내용
14		A 글을 읽을 때, 새로운 사실이나 방법을 알게 되는 것을 좋아한다
		B 글을 읽을 때, 깊이 생각해볼 만한 아이디어를 알게 되는 것을 좋아한다
15		A 나는 칠판에 도표나 그림을 많이 그리면서 설명해주시는 선생님이 좋다
		B 나는 말로 설명하는데 집중하시는 선생님이 좋다
16		A 소설을 분석할 때, 사건들을 하나하나 생각한 뒤, 그 사건들을 연결지어 전체 주제를 이해한다
		B 소설을 분석할 때, 전체적인 흐름을 파악한 뒤, 뒷받침이 되는 사건들을 찾는다
17		A 나는 숙제를 시작할 때, 즉시 해결책을 생각해 내려고 한다
		B 나는 숙제를 시작할 때, 일단 문제를 완전히 이해하려고 한다
18		A 나는 실제가 좋다
		B 나는 이론이 좋다
19		A 나는 실제로 본 것을 잘 기억한다
		B 나는 실제로 들은 것을 잘 기억한다
20		A 내가 원하는 수업은 수업내용이 명확하고 체계적인 순서로 가르치는 것이다
		B 내가 원하는 수업은 수업내용의 전체적인 모습을 보여주고 그것을 다른 주제에 연관짓는 것이다
21		A 공부할 때 스터디그룹을 선호한다
		B 공부할 때 혼자 하는 것을 선호한다
22		A 일을 할 때 일의 세부적인 사항들에 주의를 많이 기울인다
		B 일을 할 때 일을 어떻게 창의적으로 할 것인가에 주의를 많이 기울인다
23		A 모르는 장소에 찾아갈 때, 지도를 보는 것이 편하다
		B 모르는 장소에 찾아갈 때, 안내문을 보는 것이 편하다
24		A 공부할 때, 한 단계씩 순차적으로 꾸준히 공부하는 것을 좋아한다
		B 공부할 때, 전체를 염두에 두고 공부하는 것을 좋아한다
25		A 무슨 일을 할 때, 나는 먼저 그 일을 시도하고 본다
		B 무슨 일을 할 때, 나는 그것을 어떻게 해야 할지에 대해 생각하고 한다
26		A 독서할 때, 말하고자 하는 바를 분명하게 나타나는 책을 읽는 것이 좋다
		B 독서할 때, 창의적이고 흥미로운 책을 읽는 것이 좋다
27		A 도표나 스케치를 보면서 배웠을 때, 나는 주로 그림을 기억한다
		B 도표나 스케치를 보면서 배웠을 때, 나는 주로 설명을 기억한다

번호	체크	내용
28		A 책을 읽을 때, 나는 세부적인 정보에 집중하느라 큰 흐름을 잊는 편이다
		B 책을 읽을 때, 나는 큰 흐름을 우선 이해한 후에 세부적인 정보를 보는 편이다
29		A 나는 내가 실제로 해 봤던 것을 더 쉽게 기억한다
		B 나는 내가 생각을 많이 해 봤던 것을 더 쉽게 기억한다
30		A 일을 할 때, 나는 그 일을 해결하는 한 가지 방법을 완전하게 아는 것을 선호한다
		B 일을 할 때, 나는 여러 가지 새로운 방법을 찾으려고 노력하는 편이다
31		A 나는 어떤 자료를 볼 때 차트나 표 형식을 선호한다
		B 나는 어떤 자료를 볼 때 내용을 요약한 글 형식을 선호한다
32		A 레포트나 서술형 답안을 쓸 때 나는 첫 부분부터 먼저 완성한 후 그 다음 단계로 진행한다
		B 레포트나 서술형 답안을 쓸 때 부분적인 글을 완성한 후 이들을 종합해서 하나로 완성한다
33		A 그룹 프로젝트를 할 때, 함께 모여 자유롭게 회의를 통해 아이디어를 내는 것이 좋다
		B 그룹 프로젝트를 할 때, 우선 각자 생각해본 후 그룹으로 모여 의견을 합치는 것이 좋다
34		A 판단력이 뛰어나다는 말을 들었을 때 기분이 좋다
		B 창의적이라는 말을 들었을 때 기분이 좋다
35		A 모임에서 사람들을 만났을 때 사람들의 생김새를 잘 기억한다
		B 모임에서 사람들을 만났을 때 사람들이 한 말을 잘 기억한다
36		A 새로운 내용을 배울 때, 그 주제에 대해 가능한 한 많이 배우려고 한다
		B 새로운 내용을 배울 때, 관계되는 주제를 찾으며 서로 연결시키려고 한다
37		A 나는 외향적인 사람이라고 여겨지는 편이다
		B 나는 수줍음이 많은 사람이라고 여겨지는 편이다
38		A 내가 좋아하는 수업은 사실이나 자료 등 구체적인 내용을 강조하는 수업이다
		B 내가 좋아하는 수업은 개념이나 이론 등 추상적인 내용을 강조하는 수업이다
39		A 기분전환을 위해 나는 텔레비전을 본다
		B 기분전환을 위해 나는 책을 읽는다

번호	체크	내용
40		A 수업을 시작할 때, 수업에서 다룰 내용에 대해 간단하게 말씀해주시는 것이 내게 약간 도움이 된다
		B 수업을 시작할 때, 수업에서 다룰 내용에 대해 간단하게 말씀해주시는 것이 내게 큰 도움이 된다
41		A 그룹 과제에서 한 조의 과제점수가 모든 조원에게 똑같이 적용되는 평가방법이 마음에 든다
		B 그룹 과제에서 한 조의 과제점수가 모든 조원에게 똑같이 적용되는 평가방법이 마음에 들지 않는다
42		A 복잡한 계산문제를 풀 때, 나는 대개 세밀하게 검토하는 편이다
		B 복잡한 계산문제를 풀 때, 나는 검산하는 것을 귀찮게 생각한다
43		A 내가 가본 적이 있는 장소를 떠올릴 때, 나는 쉽게 기억하고 정확하게 묘사하는 편이다
		B 내가 가본 적이 있는 장소를 떠올릴 때, 나는 쉽게 기억하고 정확하게 묘사하지 못하는 편이다
44		A 문제를 풀 때, 나는 문제해결과정을 단계별로 생각하는 편이다
		B 문제를 풀 때, 나는 가능한 결과들을 예측해보거나, 넓은 영역에서 적용되는 해답을 생각하는 편이다

점수 계산

- ① 다음 표에 자신이 답한 칸에 1을 쓰세요.
- ② 세로 열의 합을 쓰세요.
- ③ 4개의 칸마다 큰 것에서 작은 것을 빼서 그 값과 큰 수의 철자를 쓰세요.
   (예를 들어, 확정적/숙고적에서 A가 4, B가 7이라면 "3B"라고 쓰세요.)

활동적/숙고적			감각적/직관적			시각적/언어적			순차적/총체적		
번호	A	B	번호	A	B	번호	A	B	번호	A	B
1			2			3			4		
5			6			7			8		
9			10			11			12		
13			14			15			16		
17			18			19			20		
21			22			23			24		
25			26			27			28		
29			30			31			32		
33			34			35			36		
37			38			39			40		
41			42			43			44		

합계											
활동적/숙고적			감각적/직관적			시각적/언어적			순차적/총체적		
A		B	A		B	A		B	A		B
(큰 수 – 작은 수) + 큰 수의 철자											

학습 유형에 따른 진단

활동적 Active	11	9	7	5	3	1	1	3	5	7	9	11	숙고적 Reflective
감각적 Sensing	11	9	7	5	3	1	1	3	5	7	9	11	직관적 Intutive
시각적 Visual	11	9	7	5	3	1	1	3	5	7	9	11	언어적 Verbal
순차적 Sequential	11	9	7	5	3	1	1	3	5	7	9	11	총체적 Global

구분	점수결과	학습자
1	1~3	두 성향에 대한 균형이 꽤 잘 잡혀 있다. 혹은 학습스타일이 확고하지 못하다.
2	5~7	한 성향에 적당한 선호도를 가지고 있으며, 그 성향과 부합하는 수업환경에 서라면 더욱 쉽게 배울 수 있다.
3	9~11	한 성향에 대한 강한 선호도를 가지고 있으며, 그 선호도에 부합하지 않는 환경이라면 학습에 많은 어려움이 있을 수 있다.

설명의 기술

티칭 룰스

지식의 저주를 풀어라

대학에서 가장 많이 사용하는 강의방법은 아마 강의식일 것입니다. 강의식 수업은 고대 희랍시대부터 현대에 이르기까지 역사상 가장 오래된 교수방법입니다. 우리나라 대학 교수들이 사용하는 강의방법을 조사한 결과를 보면, 1995년 연구에서는 수업의 약 76%, 2006년 연구에서는 68%, 2017년 연구에서는 약 48% 정도가 강의식을 주된 강의방법으로 사용하고 있었습니다. 갈수록 수치가 줄어드는 경향을 보이고 있지만 여전히 많은 교수들이 강의식을 사용하고 있습니다. 또한 강의식이 주된 방법이 아니더라도 일정 부분은 강의식을 이용하여 수업을 진행하는 경우가 대부분일 것입니다. 그래서 흔히 대학에서 수업이 있을 때, 교수자나 학습자 모두 '강의를 했다.', '강의를 들었다.', '강의가 있다.'고 표현하는 것입니다.

미래 사회가 원하는 인재를 양성하기 위해서는 일방적인 강의식 수업보다는 학습자가 직접 참여하고 경험할 수 있도록 소통하고 상호작용할 수 있는 다양한 강의방법을 적용해야 합니다. 그러나 여전히 수업의 현장에 있는 많은 교수자들은 강의식 방법을 선호하는 경향이 있다는 것을 알 수 있습니다.

강의식 방법을 선호하는 데는 다양한 이유가 있을 수 있습니다. 첫째, 지금 대학에서 강의를 하고 있는 많은 교수자들이 대학을 다닐 때 보고 배운 가장 익숙한 교수방법이 강의식이기 때문에 적용이 가장 쉬워서 일 수 있습니다. 둘째, 다른 강의방법을 적용하고 싶어도 적용방법을 잘 모르기 때문일 수 있습니다. 셋째, 강의식 수업은 단점 못지않게 잘만 활용한다면 다양한 장점을 갖고 있기 때문일 것입니다.

강의식 수업의 장점

강의식 수업은 언어를 통해서 지식이나 정보를 전달하는 가운데 학습자의 사고능력을 개발하고 촉진시키는 수업방법으로 내용이나 기능을 다루기 위해 정돈된 언어를 사용하기 때문에 구두화된 대화의 형식을 갖추고 있습니다.[1] 대화의 형식이 쌍방향이 아니라 일방적인 교사주도형 전개와 학생들의 수동적 자세로 인해 주입식 교육이라는 비판을 받기도 하지만, 강의식 수업은 제한된 짧은 시간에 정보나 개념들을 논리적·객관적으로 많은 학생들에게 효율적으로 전달할 수 있는 장점을 갖고 있습니다. 따라서 강의식 수업은 효과적으로 활용한다면 여전히 대학에서 가장 보편적으로 활용할 수 있는 매우 효과적인 교수방법입니다. 이렇듯 가장 많이 사용하고 있고, 교수방법으로 장점이 많은 강의식은 대부분 설명하기로 구성되어 있습니다. 따라서 본 장에서는 효과적인 강의식 수업을 위해 설명하기 기술을 다루고자 합니다.

강의할 때 설명! 잘하고 계신가요?

사실 우리는 일상생활에서도 매일 설명을 합니다. 그래서 설명은 어쩌면 누구나 잘할 수 있는 것처럼 보입니다. 그래서 별도의 기술이나 연습이 필요 없는 활동이라고 여길 수 있습니다.

설명이란?
- 원인과 맥락, 그 사실의 결과를 명확히 설명하는 문장들의 집합[2]
- 어떤 일이나 대상의 내용을 상대편이 잘 알 수 있도록 밝혀 말함[3]
- 사실을 이해하기 쉽게 만든 것[4]

하지만 강의와 관련해서 설명을 생각해보면 쉬운 문제는 아닌 것 같습니다. 많은 교수들이 강의를 할 때 "설명을 잘 하고 싶은데 쉽지 않다."고 말하고 있습니다. 즉, 대학 강의를 위해서는 설명의 기술과 전략을 배우고 익힐 필요가 있습니다. 내가 전달하는 내용을 학생이 쉽게 이해할 수 있어야지 나의 수업 목표가 달성될 확률이 높아지기 때문입니다. 그렇다면 교수들은 설명에 실패하는 이유가 무엇이라고 생각할까요? 그리고 학생들은 강의에서 설명을 어떻게 판단하고 있을까요?

교수가 생각하는 설명이 실패하는 이유

교수들은 다음과 같은 이유로 설명이 실패한다고 말합니다.

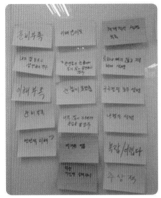

2017년 D대학 교수법 워크숍(주의를 끄는 설명하기) 활동사진

- 강의 준비 부족으로 인해 가르쳐야 하는 내용에 대한 이해 부족, 즉 교수자가 잘 모르고 설명하는 경우
- 학생들의 관심사를 고려하지 않고, 눈높이에 맞지 않게 설명하는 경우
- 너무 많이 가르치려 욕심내 한 번에 많은 내용을 전달하려고 할 경우
- 교재를 읽듯이, 나열식으로, 토씨 하나 빼지 않고 지루하게, 구구절절 모두 설명할 경우
- 체계적인 설계 없이 어렵고 복잡하게 설명하는 경우
- 자신감이 부족하고 작은 목소리로 설명하는 경우
- 흥미 위주에 길들여진 학생들, 학생들의 태도가 불량한 경우

다양한 실패 이유가 있었지만 교수들은 설명이 실패하는 이유를 상당 부분 자신의 준비부족에서 찾고 있었습니다. 아인슈타인은 "정확하게 이해하지 못한다면 간단명료하게 설명할 수도 없다."고 했습니다. 즉, 교수가 설명하는 내용을 정확하게 이해하지 못한다면 제대로 설명할 수 없습니다. 하지만 초보 교수의 경우 내용 숙지를 충분히 할 수 있는 시간적 여유 부족으로 강의내용을 정확히 이해하지 못한 상태에서 강단에 서기도 합니다. 강의내용에 대한 충분한 숙지 및 이해 없이 효율적인 설명을 할 수는 없습니다. 설명을 잘 하고 싶다면 먼저 강의내용의 전문가가 되는 것이 선행되어야 할 것입니다.

학생이 생각하는 강의수준과 설명

대학생들에게 강의수준과 설명과의 관계를 물었습니다. 강의를 들었던 경험을 바탕으로 대학생들은 강의수준과 설명기술은 관련이 있다고 말했습니다. 실제 자신이 수강한 수업에서 강의를 잘하는 교수의 설명기술과 강의를 잘하지 못한다고 생각하는 교수의 설명기술을 평가하게 하고 그 결과를 비교한 결과, 강의 수준이 높은 교수의 설명기술을 학생들은 더 높이 평가했습니다.[5] 그리고 강의에 있어서 설명의 중요성을 학생들의 강의평가 서술형 응답에서 알 수 있었습니다.

학생들의 목소리

- 입문 수업인데 기초용어 설명이 없어 처음 배우는 입장에서 어려움이 있었다.
- 학생들이 이해하기 어려운 단어들을 많이 사용하셔서 정말 따라잡는데 힘이 든다. 조금 더 쉽게 보편적으로 사용되는 단어를 사용하셨으면 좋겠다.
- 온 집중을 다해서 들어도 무슨 말인지 모를 때가 많았다. 설명을 이해하기 쉽게 해주시면 학생들이 더 질문을 할 수 있을 거 같다.
- 늘 방대한 양의 자료를 활용하고 여러 주제에 대해 논하셨지만 핵심이 무엇인지 파악하기가 어려웠다.
- 강의진행과 내용 전달에 강약이 없어 전체 맥락이나 공부에 어려움을 겪었다. 크고 작은 개념을 비등하게 다루어주셔서 중요한 핵심 개념 파악이 어려웠다.

학생들은 입문 수업임에도 불구하고 기초 설명을 하지 않는 강의, 어려운 단어들을 많이 사용해서 학생들이 이해할 수 없게 하는 강의, 핵심이 없이 설명하는 강의, 중요한 내용이 부각되지 않게 설명하는 강의 등으로 어려움을 겪고 있습니다.

강의를 잘 하려면 설명을 어떻게 해야 할까요?

교수가 생각하는 설명에 실패하는 이유와 학생들의 강의평가 내용을 살펴보면, 설명을 잘하기 위해서는 어떤 준비와 방법들을 사용하는 것이 좋은지 짐작해볼 수 있습니다. 이제 본격적으로 효과적으로 설명하기 위한 기술을 찾아보도록 하겠습니다.

공부하고자 하는 마음을 스스로 갖고 준비를 하고 강의실에 앉아 있는 학생을 '스스로 학습자'라고 합니다. 스스로 학습자는 항상 앞자리를 채우고 따뜻한 시선으로 교수자의 수업에 집중하는 학생들입니다. 교수들에게 이런 스스로 학습자들이 강의실에 몇 % 정도 된다고 생각하십니까?'라고 질문하면 많은 교수님들은 5%에서부터 90%까지 다양하게 답변을 하지만 10~20%라고 답변하는 비율이 가장 높습니다. 나머지 80~90%는 준비되지 않은 상태로 강의실에 온다는 말입니다. 이런 현실 속에서 수업을 진행하는 것은 매우 어려운 일입니다. 교수는 이러한 학생들이 학습할 수 있도록 지속적으로 주의를 끌고, 쉽게 이해할 수 있는 설명을 해야만 합니다.

쉽·관·절 법칙

설명은 '사실을 이해하기 쉽게 하는 것'입니다. 이를 위해서 "쉽·관·절 법칙"을 적용해 보세요. 쉽·관·절은 설명의 규칙으로 설명을 '쉽게', '관련 있게', '절차에 따라서' 하라는 것입니다. 자세한 내용은 다음과 같습니다.

쉽게

설명은 무조건 쉬워야 합니다. 설명을 잘 못하는 가장 큰 이유는 설명을 어렵게 하기 때문입니다. 설명이 어려워지는 이유는 다양하겠지만 생각보다 다음과 같은 이유로 발생합니다.

- 주제나 맥락을 알 수 없을 때
- 모르는 단어를 사용할 때
- 설명해야 할 내용을 생략할 때

주제나 맥락 파악이 안 되면 이해하기 힘들다

아무리 쉬운 단어와 문장으로 구성된 내용이라 할지라도 무엇에 대해 이야기 하고 있는지 상황을 파악하지 못한다면 설명을 이해하기 어렵습니다. 예를 들어, 모임에 늦어 대화 중간에 참여했을 경우, 참석자들이 어떤 주제로 이야기를 하고 있는지 알지 못하기 때문에 처음에는 이해하기 어렵습니다. 하지만 시간이 지나면서 이야기 주제를 파악하고 나면 이해가 쉬워지는 것을 경험한 적이 있을 것입니다. 주제를 모르면 이해하기 어렵다는 또 다른 사례를 들어 보겠습니다.

지금부터 제가 설명하는 인물을 맞춰 주세요.

1. 숲 속에 살고 있다.
2. 머리가 매우 크다.
3. 동물 친구들이 많다.
4. 큰 안경을 쓰고 있다.

제가 지금 힌트로 사용한 문장은 누구나 이해할 수 있는 쉬운 단어와 문장으로 구성되어 있습니다. 그런데 이 힌트가 가리키는 내용은 어떤가요? '머리가 매우 크다.'고 하는데 어느 정도일까? '큰 안경을 쓰고 있다.'는데 이게 의미하는 것이 무엇일까? 이렇게 계속 의문이 생기고 인물을 그려보는 것이 매우 어려운 일이 됩니다. 힌트는 매우 쉬운 단어와 문장으로 구성되어 있지만 의미를 이해할 수 없기 때문입니다. 하지만 힌트가 무엇에 관한 것인지 알게 되면 의미를 이해할 수 없어 애매했던 기분이 단번에 사라집니다. 그리고 그 후에 힌트를 되새겨 보면 모든 수수께끼가 풀리면서 "아~!"라고 외치게 될 것입니다(정답은 71쪽에서 확인하세요).

답을 확인한 기분이 어떠신가요? 이 퀴즈를 통해 말 자체는 알아들어도 무슨 이야기를 하고 있는지를 모르면 내용을 이해할 수 없다는 사실을 알 수 있습니다. 따라서 교수는 항상 설명할 때 어떤 주제에 대해 설명하고 있는지 학생들이 알 수 있도록 해야 합니다. 지금 학습하는 내용이 큰 그림에서 어디쯤에 있는지, 어떤 의미를 담고 있는지를 학생들이 알 수 있도록 설명해야 합니다.

듣는 사람이 모르는 단어를 사용하면 알아들을 수 없다

강의 시간에 교수님이 균형환율에 대해 다음과 같이 설명했습니다.

> • 균형환율이란 국제수지가 균형을 이루거나 인플레나 디플레가 발생하지 않는 상태를 보장하는 환율을 말한다. 환율결정이론에서 국제수지접근에 의하면 환율은 국세수지에 의하여 결정됩니다.

그리고 여러분은 이런 대화를 들었습니다.

> • 어제 인강 들으려고 컴퓨터를 켰는데 오빠가 최근에 입덕한 걸그룹 뮤직비디오가 갑툭 튀해서 완전 갑분싸였어. 노래 소리를 어디서 들었는지 오빠가 달려와서 ㅇㄱㄹㅇ 띵 곡이라고 걸그룹 TMI를 하는데 마지못해서 내가 동의? 어 보감을 해줬어. 근데 보다 보니까 팬아저를 하고 싶을 정도로 다 예쁘고 칼군무여서 나도 안무 연습해서 인싸가 되어볼까? 싶더라고.

경제용어와 신조어 모두 어렵게 느껴지는 것은, 두 경우 모두 사용되고 있는 단어를 모르기 때문입니다. 당연한 말이지만 설명과 문장은 단어가 연속되면서 성립됩니다. 따라서 단어 자체의 의미를 모르면 설명이나 문장의 의미도 알 수 없고, 상대방이 하고자 하는 이야기도 파악할 수 없습니다. 교수가 아는 단어를 학생들도 안다고 보장할 수는 없습니다. 학생의 수준을 파악하고 난이도를 조절해야 하는 이유이기도 합니다(신조어 의미는 71쪽에서 확인하세요).

설명해야 할 내용을 생략하면 논리성이 결여되어 이해하기 어렵다

주제나 단어의 뜻을 다 아는데도 이해하기 어렵다면 논리가 결여되는 경우입니다. 논리가 결여되어 있다는 것은 교수가 논리적인 사고를 하지 못해서가 아니라 단순히 설명해야 할 내용을 생략했기 때문입니다. 즉, 논리적이지 않아서 설명을 어렵게 하는 것이 아니라 교수가 설명을 하는 과정에서 일부 내용을 생략하기 때문입니다. 교수는 내용을 잘 알기 때문에 '조금 생략을 해도 이해하는 데는 문제가 없겠지.'라고 생각할 수 있지만 듣는 학생 입장에서는 어렵게 느껴질 수 있습니다. 차근차근 짚어가면서 설명한다면 학생의 입장에서는 이해하기 쉬울 것입니다.

그렇다면 교수자는 왜 학생이 주제를 파악하기 어렵게 하고, 학생이 모르는 단어를 사용하고, 차근차근 설명하지 않고 생략을 할까요? 그건 아마도 교수들이 지식의 저주에 걸려 있기 때문일 것입니다.

지식의 저주

'지식의 저주'란 1990년 엘리자베스 뉴턴의 실험에서 유래된 용어로 "사람들이 일단 무언가를 알고 나면 알지 못한다는 게 어떤 느낌인지 상상하지 못하게 되는 현상"을 말합니다.[6] 그녀는 실험에 참가한 사람들을 두드리는 집단과 듣는 집단으로 나눠, 두드리는 집단이 테이블에 손가락으로 리듬을 두드리게 하고 듣는 집단은 그 노래를 맞추도록 했습니다. 실험이 시작하기 전에 두드리는 집단은 듣는 집단이 2개 중 1개를 맞출 것이라고 예상했지만 실제 실험결과, 듣는 집단은 노래 120개 중 3개를 맞췄습니다. 성공확률이 2.5%였습니다. 두드리는 사람은 테이블을 두드릴 때 당연히 그 노래의 선율을 생각하면서 두드릴 것입니다. 하지만 듣는 사람의 귀에는 마치 모스부호 같은 괴상한 소리로만 들렸을 것입니다. 그런데도 두드리는 사람은 듣는 사람 입장에서 그 리듬이 어떤 노래의 것인지 알지 못하는 것을 이해하지 못했습니다.

이처럼 지식의 저주는 '본인이 알기 때문에 상대방이 알지 못할 것이라는 것을 짐작하지 못하는 현상'입니다. 따라서 교수는 자신의 전공분야 지식에 너무 익숙하여 학생들의 이해 수준을 고려하지 않고 설명을 하는 것입니다. 이 때 학생들은 교수의 강의를 '익숙하지 않은 단어들로 가득 찬', '정확하지만 이해할 수 없는', '비효율적으로 세부적인', '맥락이나 응용이 없는' 설명으로 여기게 됩니다.

지식의 저주에 걸린 교수는 학생의 처지를 알지 못합니다. 자신의 입장만 생각하고 설명을 합니다. 그래서 전달하고자 하는 내용의 주제와 맥락을 학생들에게 충분히 설명하지 않습니다. 그리고 내용을 이미 잘 알고 있기 때문에 차근차근 설명하지 않고 몇 가지는 생략하고 설명을 합니다. 또한 학생들이 알아들을 수 없는 어렵고 낯선 어휘를 사용합니다. 교수 자신이 학생이었을 때 매우 어렵게 느꼈던 내용들이 이제 더 이상 자신에게는 어려운 내용이 아니기 때문입니다. 내가 아는 용어이니 학생도 알 것이라는 전제를 깔고 설명을 하는 실수를 범하게 되는 것입니다. 설명을 잘 하고 싶다면, 교수는 항상 자신이 '지식의 저주'에 걸려있다는 사실을 인식하면서 학생의 수준을 이해하려는 노력을 해야 합니다. 이러한 노력은 성공적인 설명을 위한 필수조건입니다.

관련 있게

학생의 이해를 돕는 효과적인 설명 방법은 학생이 잘 아는 사실과 전달하고자 하는 내용을 연결하는 것입니다. 익숙한 것들은 설명을 위한 좋은 출발점을 제공합니다. 대부분의 경우, 새로운 이론 등을 설명할 때 사람들이 이미 이해하고 있는 근본 위에서 진행하면 모든 것을 처음부터 하나하나 설명할 필요 없이 상대방을 이해시킬 수 있습니다. 즉, 누구나 이해하는 아이디어에 새로운 아이디어를 연결한다면 새로운 아이디어도 충분히 이해할 수 있다는 확신을 줄 수 있습니다.

컴퓨터를 이용한 도서검색을 해본 적이 없는 아주 나이가 많은 학습자에게 컴퓨터를 이용한 도서검색대에 대해 설명해야 할 상황을 가정해봅시다. 교수는 이미 오랫동안 도서검색대를 이용해왔고 컴퓨터로 도서를 검색하는 것이 몸에 배어 있습니다. 이에 대한 설명을 해본 적도 없고 주변의 다른 사람들도 컴퓨터 도서검색을 사용하기 때문에 이들과도 이것에 대해서 이야기해본 적이 없습니다. 어떻게 설명할지 고민하다가 교수는 컴퓨터 도서검색대의 세부사항인 IPC 검색 시스템, IRS 검색 시스템 등을 고려할지도 모르겠습니다. 하지만 이런 세부사항은 나이 많은 학습자가 도서검색대를 이해하는 데 별로 도움이 되지 않을 것 같습니다. 도서검색대가 무엇인지 이미 알고 있는 것과 연결해서 이해시키는 것이 더 효과적일 것입니다. 만일 학습자가 도서검색대를 이해했다면 세부 사항은 그 다음 문제입니다.

카드목록함   도서검색대

다행히 나이 많은 학생은 예전에 아날로그 형식의 도서검색시스템인 카드목록함을 경험한 적이 있습니다. 카드목록함을 컴퓨터 시스템으로 옮겨 놓은 것이라고 설명하면 학습자는 단번에 도서검색대 시스템과 역할을 이해할 것입니다. 이처럼 이미 알고 있는 사실과 새로운 사실을 연결하는 것은 설명에 있어서 매우 강한 힘을 가집니다.

이런 연결고리의 좋은 점은 전혀 새로운 아이디어를 정의하는 것이 아니라 기존의 지식에 덧붙인다는 점입니다. 이런 연결고리를 만드는 일은 새로운 설명방법이 아님에도 자주 활용되지 않습니다. 뭔가 설명을 할 때 우리는 학생들에게 새로운 아이디어 자체에 집중하여 설명하는 경향이 있습니다. 그래서 사람들이 쉽게 이해할 수 있는 연결고리를 찾는 것보다는 세부사항을 통해 아이디어를 설명하곤 합니다. 그래서 설명은 더 어려워집니다.

절차를 적용해서

이해하기 쉽게 설명하는 절차가 있다면 설명을 할 때 참조할 수 있습니다. 여기서는 고구레 다이치가 「횡설수설하지 않고 정확하게 설명하는 법」이란 책에서 소개한 텐프렙의 법칙을 알아보겠습니다.[7]

Theme	주제	지금부터 무슨 이야기를 할 것인가?
Number	수	하고 싶은 이야기가 얼마나 되는가?
Point	요점, 결론	전달하고 싶은 내용을 한 문장으로 정리한다면 무엇인가?
Reason	이유	어째서 그렇게 말할 수 있는가?
Example	구체적 예	어떤 사례가 있는가?
Point	요점, 결론	요점과 결론은 무엇인가?

이 공식은 1단계에서 6단계로 구성되어 있습니다. 1단계는 이야기의 주제를 서두에 전달하는 것입니다. 이것은 앞에서 설명을 '쉽게' 하는 방법에서 제시한 주제를 파악하게 하는 것과 관계됩니다. "지금부터 ○○○에 대해 이야기하겠습니다."라고 시작하여 학생이 주제를 정확히 파악하도록 하는 것입니다. 학생이 '앞으로 어떤 이야기를 하겠구나.'라고 미리 짐작할 수 있게 하여 강의의 전달력을 높일 수 있습니다.

2단계는 하고 싶은 이야기의 수를 전달하는 것입니다. 주제를 전달한 후 그것과 관련해서 "오늘 전달할 내용은 세 가지입니다." 혹은 "오늘 강의 주제의 핵심은 세 가지입니다."라고 말하는 것입니다. 이를 통해 학생의 주의를 끌 수 있고 어디에 집중해서 들어야 하는지를 알게 해 줍니다. 또한 교수는 '중요한 포인트가 무엇인가?', '중요한 포인트는 몇 가지인가?'를 생각하면서 내용을 정리할 수 있고, 강의를 할 때 일단 수를 생각하면 머릿속에 전달해야 할 내용이 정리가 되므로 상대방이 이해하기 쉽게 중요한 포인트를 전달할 수 있습니다. 이 법칙은 학생이 질문을 던졌을 때도 마찬가지입니다. 답이 여러 가지일 경우, "이 이론의 핵심은 무엇인가요?"라는 질문에 "이 이론의 핵심은 두 가지입니다. 바로 ○○과 ○○입니다."라고 답을 하면 좀 더 정확하게 핵심을 요약해서 전달할 수 있습니다. 그러므로 전달하고자 하는 내용의 '수'를 생각하고 전달하는 것은 매우 중요한 기술입니다.

3단계에서는 요점과 결론을 전달합니다. 주제와 전달해야 할 주요 내용의 수를 전달하고 상대방이 이야기를 들을 준비가 되었다면 바로 '결론'을 말하는 것입니다. "결론부터 말하면 ○○○입니다." 혹은 "오늘 학습내용을 한마디로 하면 ○○○입니다."

4단계에서는 요점과 결론에 대한 이유를 밝히고 5단계에서 사례를 들어 구체적으로 설명합니다. 구체적인 사례는 결론을 보강하는 정보를 담아야 하고 결론이 옳음을 보여줘야 합니다. 이 단계에서 예를 들어 설명하는 것뿐만 아니라 중요한 내용을 부각해서 설명하고, 경우에 따라서는 반복해서 설명하고 이해를 돕기 위해 학습자가 잘 아는 것과 연결해서 설명하는 기술들이 필요합니다. 마지막으로 6단계에서 다시 한번 요점과 결론을 재확인하고 정리하는 것입니다. 이상과 같이 텐프렙 법칙을 사용하면 '도대체 하고 싶은 말이 뭐야?'라는 말은 듣지 않게 될 것입니다.

설명과 프레젠테이션의 차이는?

1장에서 교수자가 갖추어야 할 역량 중에는 설명 역량과 프레젠테이션 역량이 있다고 했습니다. 이 두 역량은 어떤 차이가 있을까요?

설명과 프레젠테이션의 차이를 요리에 비유한다면 설명은 음식을 잘 만들 수 있게 하는 레시피라면, 프레젠테이션은 잘 만든 음식을 예쁜 그릇에 맛있어 보이게 담아내는 것이라고 볼 수 있습니다. 즉, 강의기술이 요리기술이라면, 설명기술은 요리를 맛있게 하는 레시피이며, 프레젠테이션 기술은 먹음직스럽게 담아내는 기술입니다. 이 둘은 함께 할 때 비로소 더 좋은 강의, 더 먹음직스러운 요리가 가능한 것입니다.

맛있게 한 음식을 먹음직스럽게 담아내면 최상의 요리가 됩니다. 하지만 맛없게 한 요리를 아무리 먹음직스럽게 담아내도 그 음식 자체의 맛이 좋아지는 것은 아닙니다. 이렇듯 강의에 있어서 설명을 잘하고 프레젠테이션까지 잘 한다면 강의는 매우 효과적일 수 있지만 설명을 잘 못하는 상황에서 프레젠테이션만 잘 한다고 강의를 잘하는 것은 아닙니다. 물론 설명 기술이 아무리 좋아도 프레젠테이션 기술이 없다면 강의를 잘 할 수 없습니다. 이를 이해하고 설명의 기술에 더해 다음 프레젠테이션 기술 몇 가지를 점검하시기 바랍니다.

교수의 목소리

프레젠테이션에서 교수의 목소리는 매우 중요합니다. 발음의 정확성, 목소리의 크기, 말의 속도, 목소리의 변화가 필요합니다.

- 목소리 크기가 적절한가?
- 말하는 속도가 적당한가?
- 발음은 정확한가?
- 목소리에 변화가 있는가?

「누가 저 대신 프레젠테이션 좀 해주세요」의 저자는 프레젠테이션에서 살아남는 무기로 'S라인 보이스'를 강조했습니다. 매력적인 S라인 몸매처럼 목소리도 들어간 곳과 나온 곳이 있어야 매력적인 보이스이며, 매력적인 보이스를 살리는 방법으로 '보이스 3P'를 제시했습니다.[8] 멈춤(Pause), 속도(Pace), 고저(Pitch)입니다.

멈춤(Pause)

3P의 첫 번째는 멈춤(Pause)입니다. 학창시절 선생님이 말씀하실 때 떠들던 반이 갑자기 선생님이 침묵하면 조용해지는 경험을 해 보셨을 것입니다. 교수자는 강의를 할 때 말이 끊어지면 안된다고 생각하고 멈추지 않습니다. 하지만 말의 Pause는 대단히 중요합니다. Pause는 언어적 멈춤과 비언어적 멈춤으로 나눌 수 있습니다. 언어적 멈춤은 두 가지로 첫째, 의미에 따라 단락 단락을 충분히 끊어 읽는 것이고, 둘째는 말을 잠시 멈추는 것입니다. "여기서 가장 중요한 것은 ○○○입니다."라고 이야기하는 것이 아닌 "여기서 가장 중요한 것은 (학생

들에게 시선을 주면서 잠시 쉬고), ○○○입니다."라고 이야기하는 것을 예로 들 수 있습니다. 다음으로, 비언어적 멈춤에서는 파워포인트의 검은색(슬라이드 쇼 상태에서 키보드에서 B를 클릭), 흰색(키보드에서 W를 클릭) 화면을 활용해 화면을 멈추는 것입니다. 잘 나오던 화면이 갑자기 검은, 또는 흰 화면이 되면 어리둥절해하면서 교수에게 집중하게 될 것입니다. 상황에 따라 전략적인 '멈춤'을 사용한다면 학생의 몰입도를 끌어올릴 수 있습니다.

속도(Pace)

3P의 두 번째는 속도(Pace)입니다. 놀이공원의 롤러코스터가 천천히 오르고, 빠르게 내려올 때 짜릿함이 증가하고, 발라드 랩에서 천천히 나오던 음악이 빠른 랩으로 전환될 때 감동이 배가 되는 것처럼 처음부터 끝까지 천천히 말하는 것보다 속도에 변화를 줘 지루하지 않게 할 필요가 있습니다. 아무리 말을 잘하는 사람이라도 일정한 속도로 말하면 집중력이 떨어질 수밖에 없습니다. 강조할 부분에서 속도를 줄여줄 필요가 있으며 또한 학습자의 연령대에 따라 속도를 적절하게 조절할 필요가 있습니다.

고저(Pitch)

3P의 세 번째는 고저(Pitch)입니다. 고저는 어릴 때 오락실에서 비행기 게임을 할 때 한 번씩 총을 쏘다가 중요한 순간 3번 정도 사용할 수 있는 폭탄을 생각해보면 쉽게 이해하실 수 있습니다. 가장 중요한 순간, 그 때 폭탄을 투하하는 것입니다. 말소리의 크기를 1-100으로 정하고 기본적인 내용 전달할 때는 50, 중요한 부분에서 70, 가장 중요한 포인트에서 90, 그리고 다시 50 정도로 내려와 진행하는 방식이 필요합니다.

교수의 몸짓과 표정

목소리만큼 중요한 것은 교수의 몸짓과 표정입니다. 교수의 몸짓과 표정은 강의에 대한 열정뿐만 아니라 학생에 대한 태도를 전달하기 때문에 매우 중요한 요소입니다.

- 몸동작이 의도적이고 적절한가?
- 서 있는 자리를 옮겨 주는가?
- 학생들에게 시선을 주고 있는가?
- 모든 학생들을 살펴보는가?
- 몸은 한쪽으로 기울이지 않고 바른 자세인가?
- 밝은 표정을 유지하는가?

UCLA의 앨버트 메라비언(Albert Mehrabian)이 1971년에 발표한 저서 「Silent Messages」에 나온 '메라비언의 법칙(The Law of Mehrabian)'은 스피치 분야에서 잘 알려진 이론입니다. 이 법칙은 말의 내용보다 표정(시각적)과 음성(청각적)이 더 많은 의미를 전달할 수 있다는 것을 말해 주고 있습니다. 메라비언의 실험은 참가자들에게 아홉 가지 단어를 들려주고 말하는 이의 감정을 평가하게 했습니다. 이때 단어-음성의 느낌을 다르게 했습니다. 예를 들어, '사랑해'란 단어는 무서운 음성으로, '끔찍한'이란 단어는 사랑스러운 음성으로 말했습니다. 또한 참가자들에게 각기 다른 음성으로 녹음된 중립적인 단어를 들려주면서 동시에 다른 표정의 사진을 보여주었습니다.

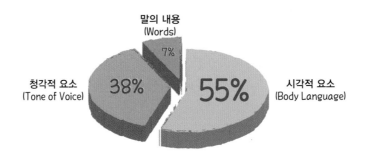

실험 결과, 단어의 의미보다 음성의 느낌이 더 영향이 컸다는 것을 알아냈고 표정 대 음성톤은 3 대 2로 의사소통에 기여한다는 것을 알아냈습니다. 즉, '사랑해'라는 말도 사랑 없는 목소리와 영혼 없는 표정으로 말한다면 의미가 제대로 전달될 수 없으며, 소통할 때는 목소리와 표정을 메시지와 일치시켜야 한다는 사실을 보여주었습니다.

이처럼 교수는 언어 외의 부분들, 즉 비언어적인 영향력이 매우 크다는 것을 고려해야 합니다. 교수가 '지루한 표정'으로 '하기 싫은 몸짓'으로 강의를 한다면 이 모든 것은 학생에게 전달돼 교수가 전달하는 내용은 중요하지 않은 내용으로 인식될 수 있습니다. 학생은 중요하지 않은 내용에 집중할 필요를 느끼지 못할 것이고 학습 동기는 떨어질 수밖에 없습니다. 따라서 교수가 적극적이고 밝은 표정으로 열정적인 강의를 한다면 학생의 집중도는 더욱 올라갈 것입니다.

정답

61쪽 정답: 뽀로로

62쪽 신조어 의미

- 인강: '인터넷 강의'의 준말.

- 입덕: 한자 '入'과 오타쿠를 한국식 발음으로 바꿔 부른 '오덕후'의 '덕'을 합쳐 만든 신조어이다. 어떤 분야에 푹 빠져 매니아가 되기 시작했다는 뜻을 갖고 있다.

- 갑툭튀: '갑자기 툭 튀어나오다'의 준말이다.

- 갑분싸: '갑자기 분위기 싸해진다' 혹은 '갑자기 분위기가 싸해지는데'의 줄임말.

- ㅇㄱㄹㅇ: '이거 레알'이라는 신조어의 초성만 쓰는 것.

- 띵곡: 명곡을 뜻하는 은어. 명곡과 띵곡의 생김새가 비슷하다 하여 만들어진 단어.

- TMI: 너무과한 정보(Too Much Information)의 준말.

- 동의? 어 보감: "동의하니?", "응, 동의해"란 뜻.

- 팬아저: '팬이 아니어도 저장하는 짤'을 줄여서 이르는 말. 혹은 '팬이 아니어도 저장'을 줄여 이르는 말로, 소장 가치가 있어 저장하는 사진이나 영상. 또는 이런 사진이나 영상을 저장하는 행위.

- 인싸: 인사이더(insider)의 줄임말로, 아웃사이더와는 다르게 무리에 잘 섞여 노는 사람들을 말한다.

질문의 기술

티칭 룰스

질문을 통해 생각하는 힘을 키우게 하라

Chapter 6 질문의 기술

　질문(質問)은 "알고자 하는 바를 얻기 위해 묻는 것"으로 강의실에서 활용되는 교수법 중 질문법은 흔히 교수가 질문하고 학생이 대답하는 학습지도방법으로 이해됩니다. 그러나 최근 교육 패러다임이 교수 중심에서 학생 중심으로 변화함에 따라 어떻게 하면 학생이 스스로 질문하고 탐구하게 할 것인가가 중요한 화두로 등장하고 있습니다. 특히 2010년 G20 서울 정상회담의 폐막식에서 버락 오바마 미국 대통령이 연설 후 개최국인 한국 기자들에게 질문의 기회를 주었는데 아무도 질문을 하지 않았던 일이 질문하기를 가르치지 않고 질문하기를 권하지 않는 한국 문화, 그리고 대학 교육 문화에 대한 비판으로 이어지면서 질문 그 자체에 대한 관심이 그 어느 때보다 크다 할 수 있습니다.[1] 이러한 문제의식에 기초해 이 장에서는 강의실에서 이루어지는 질문의 다양한 측면에 대해 살펴보고자 합니다.

질문 제대로 하고 계십니까?

　질문은 단순히 묻고 응답하는 것을 넘어서는 종합적인 행위라 할 수 있습니다.

> "질문은 질문하는 순간 끝나는 것이 아니다. 질문은 모르는 것을 알고자 하는 욕구, 답을 찾으려는 노력을 상대와 자신에게 불러일으키는 화행으로 그 답에 귀 기울이는 자세까지를 포함하는 행위이다. 즉, 질문을 통해 답을 찾으려는 노력, 그 답을 경청하는 태도, 그 답에 대해 다시 생각하고 판단하는 행위까지도 질문에 수반되는 행위라고 할 것이다.[2]"

　질문을 하는 것만큼이나 중요한 것은 제대로 질문하는 것입니다. 이러한 질문의 전 과정이 제대로 이루어지고 있는지 다음의 체크리스트를 통해 스스로의 질문행동을 점검해보세요.

질문 행동 체크리스트

문항	① 매우 그렇지 않다	② 그렇지 않다	③ 보통 이다	④ 그렇다	⑤ 매우 그렇다
1. 질문의 중요성을 알고 있다					
2. 사전에 질문을 준비한다					
3. 학생들이 쉽게 이해할 수 있도록 질문을 명확하게 한다					
4. 학생들이 깊이 있게 생각하도록 자극하는 질문을 한다					
5. 도입, 초점, 심층 질문 등 단계적으로 질문을 제시한다					
6. 닫힌 질문보다는 열린 질문을 한다					
7. 어떤 질문과 답이라도 오갈 수 있도록 편안한 분위기를 조성한다					
8. 학생들의 질문을 끝까지 경청하고 응답한다					
9. 학생들이 질문에 대해 충분히 생각하고 답을 할 시간을 준다					
10. 모든 학생들이 질문과 응답에 참여할 수 있도록 격려한다					
총점					

총점이 얼마인가요?
- 0점~20점: 질문을 개선하기 위한 보다 적극적인 노력이 필요합니다.
- 20점~40점: 조금만 더 신경 쓰면 좀 더 효과적으로 질문을 할 수 있을 것입니다.
- 40점 이상: 이미 잘 하고 있으므로 이 장을 그냥 넘겨도 좋습니다.

그렇다면 질문을 개선하려면 어떻게 해야 할까요?

첫째, 질문을 미리 준비해야 합니다.

강의를 하면서 질문을 하는 것은 생각보다 쉬운 일이 아닙니다. 자칫하면 동일한 질문을 반복하거나 정답을 유도하는 질문만을 하기 쉽고, 그러다 보면 질문의 효과는 반감될 수밖에 없습니다. 따라서 좋은 질문을 미리 만들어 준비된 상태로 강의실에 들어갈 필요가 있습니다. 이전 학기 학생들이 했던 질문 중 자주 나왔던 질문이나 좋은 질문을 정리해두었다가 활용하는 것도 방법이 될 수 있습니다.

둘째, 다양한 유형의 질문을 활용해야 합니다.

질문의 유형은 질문의 주체, 형식, 내용에 따라 다양하게 구분될 수 있습니다.[3] 질문의 주체는 누가 질문하고 답을 하느냐에 대한 것입니다. 교수가 질문하고 교수가 답하는 것은 자문자답입니다. 강의실에서 일반적으로 이루어지는 형태는 교수가 질문하고 학생이 대답하는 형태일 것입니다. 이 외에도 학생이 질문하고 교수가 대답할 수도 있고, 학생이 질문하고 학생이 대답하는 것도 가능할 것입니다.

질문의 형식은 어떤 답을 원하는 것이냐에 따라 구분한 것으로, 하나의 정답을 원하는 것이 닫힌 질문이라면 열린 질문은 아예 정답이 없는 질문일 수도 있습니다.

또한 내용의 성격에 따라 기억, 이해, 적용, 분석, 종합, 판단 중 어느 것을 묻는 질문인가로 구분할 수 있습니다. 강의실에서는 학생들이 배운 내용을 잘 기억하고, 이해하는가에 대한 질문이 주로 다뤄집니다. 그러나 분석, 종합, 평가와 관련된 질문을 함께 활용한다면 높은 수준의 사고(Higher Order Thinking)를 자극하는 데 도움이 될 수 있습니다.[4]

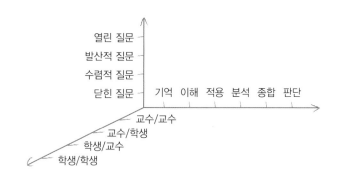

셋째, 자신의 질문에 대한 성찰이 필요합니다.

처음부터 완벽한 질문을 할 수는 없습니다. 질문을 해나가면서 평가하여 개선해나가는 것입니다. 좋은 질문이 어떤 질문인가는 강의의 성격, 질문의 목적과 활용에 따라 다양할 수 있습니다만, 잘못된 질문은 뚜렷하게 구별할 수 있습니다. 따라서 다음에 제시된 잘못된 질문의 예시를 살펴보고, 평상시 자신이 자주하는 질문이 어떠한지 살펴보면서 스스로의 질문이나 질문행동을 개선해나갈 필요가 있습니다.

넷째, 충분히 기다려야 합니다.

질문을 했다면 학생들이 그에 대해 충분히 생각하고 답을 할 수 있도록 해주어야 합니다. 많은 교수들이 질문을 하고 바로 답을 원합니다. 그러나 질문에도 준비가 필요하듯 대답에도 준비가 필요합니다. 그렇지 않다면 학생들의 무반응, 교수의 자문자답, 특정 학생의 독점으로 귀결되어 질문이 제 효과를 내기 어렵습니다.

> "침묵의 시간은 상대의 사고의 진행을 의미하는 침묵의 순간이자 성장의 순간이다. 이때, 우리가 주목해야 할 언어 중 하나가 시간이다.[5]"

기다림 외에도 학생들의 질문과 대답에 대해 부담을 줄여주고, 생각하도록 돕는 방법으로는 '도입질문에서 심층질문까지 단계적으로 질문을 제시하기', '짝 토의를 통해 먼저 질문을 만들어보게 하기', '쪽지나 문자로 질문을 보내도록 하기' 등이 있습니다.

생각의 수준을 높이는 질문 방법은?

교수의 질문은 학생들에게 좋은 예시가 될 수 있습니다. 그래서 고차원적 사고를 독려할 수 있는 질문 형식과 예시를 제시한 연구도 적지 않습니다. 여기에서는 이태복 · 최수연이 「임팩트 질문법」에 소개한 질문방법 중 강의시간에 직

접 활용할 수 있는 세 가지 방법을 살펴보겠습니다.[6]

블룸의 인지분류체계를 활용한 질문

블룸의 인지분류체계 6단계(기억, 이해, 적용, 분석, 평가, 창조)는 교육목표를 분류할 때 주로 쓰이지만 질문을 만들 때에도 적용될 수 있습니다. 나는 어떤 질문을 주로 하는지 생각해보세요. 혹 습관적으로 기억, 이해를 확인하는 질문만 하고 있지는 않습니까? 아래 제시한 그림을 활용한다면 고차원적 사고를 자극할 수 있는 분석, 평가, 창조에 대한 질문을 만들 수 있습니다.

독창적인 해결안을 찾도록 하는 질문	창조	• 이 이론들의 장단점을 토대로 새로운 아이디어를 만들어 볼까요? • 어떤 해결안을 제안할 수 있을까요?
구체적인 기준을 사용하여 판단을 내리도록 하는 질문	평가	• 왜 이 안을 선택했습니까? • 해결안을 평가하는 데 어떤 기준이 있을까요?
개념이나 상황을 요소들로 나누고 그들 간의 관계를 보도록 묻는 질문	분석	• 어떤 요소들이 있습니까? • 각 요소들을 비교해 본다면?
학습내용을 새로운 상황에 적용할 수 있는지를 묻는 질문	적용	• 다른 상황에 어떻게 적용할 수 있나요? • 이 이론을 현직에서 어떻게 사용할 수 있을까요?
이해를 확인하기 위해 자신의 용어로 설명할 수 있는가를 묻는 질문	이해	• 쉬운 말로 다시 설명해 주시겠습니까? • 간단하게 요약해 주실까요? • 예를 들어 주시겠습니까?
학습내용을 기억하는가를 묻는 질문	기억	• 무엇입니까? • 어디서, 언제 그 일이 발생했죠?

블룸의 인지분류체계에 따른 질문

비판적 사고력을 키우는 질문

비판적 사고는 기존의 개념이나 틀에서 벗어나 다양한 관점을 고려하여 논리적으로 결론을 도출하는 것입니다. 비판적인 사고는 자신이 생각하는 과정을 분석하고, 그 과정을 개선하여 생각의 질을 높이는 데에도 효과적입니다. 아래 그림은 비판적인 사고를 구성하는 8개의 요소를 구분하고, 각각 그에 해당하는 질문을 정리한 것입니다

목적	◦이 문제를 왜 다루는가? ◦이것을 통해 무엇을 달성하고자 하는가?
이슈	◦이 문제와 관련하여 중요한 이슈는 무엇인가? ◦이슈가 명확히 정의되었는가?
관점	◦이슈에 대해 어떤 관점을 갖고 있는가? ◦다른 관점에서 보면 무엇이 달라지는가?
개념	◦이슈와 관련해서 꼭 알아야 하는 개념 또는 이론은 무엇인가? ◦새로운 이론에서 어떤 통찰을 얻을 수 있는가?
가정	◦이슈와 관련하여 당연시한 것은 무엇인가? ◦왜 이런 가정을 갖게 되었는가?
정보	◦정보를 충분히 수집하였는가? ◦이 정보가 정확한지 어떻게 알 수 있는가?
추론	◦이슈에 대한 최선의 결론은 무엇인가? ◦어떤 근거로 그런 결론을 내리게 되었는가?
시사점	◦이슈가 해결되면 어떤 결과가 생길 것인가? ◦이 결정은 어느 정도의 파급력을 갖고 있는가?

사고 루틴을 활용한 질문

하버드 교육대학원의 프로젝트 제로 연구소는 생각을 눈으로 볼 수 있게 하는 프레임, 사고 루틴(Thinking Routine)을 개발했습니다. 그 중 '연결–확장–챌린지'는 새로운 아이디어를 기존의 지식과 연결하여 생각을 확정하고 도전할 수 있는 질문을 하는 것을 도와줍니다.

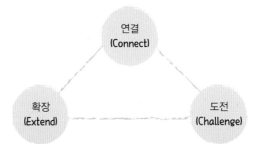

이 아이디어는
이미 알고 있는 것과
어떻게 연결되어 있는가?

연결
(Connect)

확장
(Extend)

도전
(Challenge)

새로운 방향으로 생각하도록
만든 아이디어가 있는가?
그 아이디어는 무엇인가?

이 아이디어에서 아직까지 의문이
남아 있거나 혼란스러운 것은 무엇인가?
지금 어떤 점이 궁금한가?

학생들의 질문, 꼭 필요한가요?

교육에서 학생들의 질문의 중요성이 강조되면서 대학생들의 질문 실태 및 개선방안에 대한 연구도 많이 증가하고 있습니다. 이런 연구에서 제기한 질문의 가치는 다음과 같습니다.

"학습자의 질문은 그들의 지식 및 사고를 자극하는데 중요한 역할을 하며, 개념에 대한 이해 및 기억에도 도움을 주고, 주체적이고 능동적인 학습을 하게 하는 원동력이 된다는 점에서 중요하게 다루어질 필요가 있다. 또한 최근에는 교육적 패러다임이 교수자 중심에서 학습자 중심으로 변화함에 따라 학습자 스스로가 질문을 제기하고 자기주도적으로 문제를 해결해나갈 수 있도록 하는 것이 요구되는 시점이기도 하다.[7]"

"학습자 질문은 자율적이고 능동적인 수업 참여와 동기를 유발하고, 학습자의 개념에 대한 이해, 반성적 및 비판적 사고능력, 문제 해결능력, 그리고 학습자와 학습자 상호간의 활발한 상호작용을 촉진시킨다. 뿐만 아니라, 학습자 질문은 현재 학습자의 수업 내용에 대한 개념과 논리에 대한 이해, 학습자의 지적 갈등과 사고 수준, 학습자의 흥미와 호기심을 교수자들에게 알려줌으로써 대학 수업의 질을 높이는 데 도움을 줄 수 있다.[8]"

실제 학생들이 강의내용에 대해 질문을 만들어내는 과정이 강의의 효과를 높인다는 연구도 점차 증가하고 있습니다. 따라서 교수가 직접 질문을 하는 것을 넘어서 학생들이 질문을 하고, 스스로 답을 찾아나갈 수 있도록 퍼실리테이터로서의 역할을 강화시켜 나갈 필요가 있습니다. 그러나 교수와 학생이 자유롭게 질문하고 답하는 강의실을 만들기란 쉽지 않습니다.

따라서 먼저 학생들이 질문을 주저하는 이유를 충분히 이해할 필요가 있습니다. 학생들이 질문을 꺼려하는 요인은 크게 학습자의 내적 요인과 외적 요인으로 구분할 수 있습니다.[9]

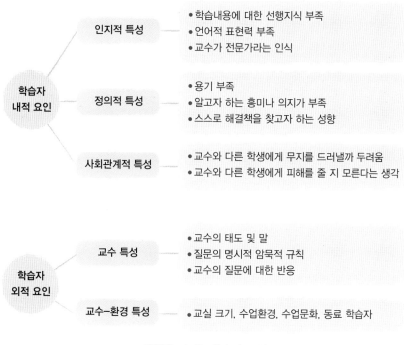

질문을 꺼리는 학습자 요인

학생들의 질문을 이끌어낼 수 있는 방법이 있나요?

모든 강의에 정답이 될 수 없겠지만 학생이 질문을 꺼리는 내적·외적 요인을 개선하는 데 참고할 수 있는 연구 및 사례들은 있습니다.

첫째, 소통이 부담스럽지 않은 강의실 분위기를 먼저 만들어야 합니다.

흔히 학생들이 질문하지 않는 원인을 찾을 때 학생 개개인의 특성, 특히 인지적 특성과 정의적 특성에 초점을 맞추게 됩니다. 그러나 그 못지않게 교수가 관심을 가져야 할 것은 사회관계적 특성입니다. 의외로 많은 학생들은 '수업에 집중하고, 수업을 잘 듣고, 떠들지 않고, 무엇보다도 교수님이 수업하는 데 방해가 되지 않도록 조용히 하는 것'이 착한 학습자라는 잘못된 인식을 가지고 있습니다. 그러므로 질문을 교수와 다른 학생들에게 방해가 되는 행동으로 인식하는 경우가 적지 않습니다.

> "교수님이 수업하시면 우선 내가 먼저 이야기를 하기보다는 초롱초롱 교수님 이야기를 가만히 듣고, 쳐다보고 있어야 해요. 만약에 무엇을 시키신다면 그 때 맞추어서 질문을 해야죠. 그게 학습자의 예의이고 역할 같아요.[10]"

따라서 학생들이 이러한 틀을 깰 수 있도록 교수는 질문을 긍정적으로 생각하고 있다는 사실을 보다 적극적으로 학생에게 알려야 하고, 자유로운 수업 분위기, 개방적인 태도를 통해 학생들이 신뢰할 수 있는 분위기를 만들어주어야 합니다.

둘째, 학생들의 질문에 대해 교수가 어떻게 반응하느냐가 이후 수업 분위기를 결정합니다.

학생들의 질문 수준은 교수의 기대에 부응하기도 하고 실망스럽기도 합니다. 그리고 강의에서 이미 설명한 내용에 대해 충분히 이해하지 못한 채 질문을 한다거나, 이미 질의응답을 했던 내용을 또 질문하면 화가 나기도 합니다. 그러나 일방적인 주입식 교육에 익숙한 학생들이 어느 날 갑자기 완벽한 질문을 구사하긴 어렵습니다. 질문도 연습의 과정이 필요합니다. 무엇보다도 충분히 기다려주고, 학생들의 질문을 존중해주고, 나쁜 질문은 없다고 격려해주고, 틀린 질문과

답에서도 학습의 기회를 포착하여야 합니다. 또한 질문에 바로 답을 하기보다 진짜 필요한 것을 다시 물어보고, 또 그 질문이 다른 질문으로 이어질 수 있도록 다리를 놓아주어야 합니다. 질문에서 가장 중요한 미덕은 기다리기와 역지사지(易地思之)의 자세입니다.

셋째, 적시에 적절한 피드백을 주는 것이 중요합니다.

학생들이 질문을 제기하였을 경우 이를 지속적으로 유지할 수 있도록 학생의 질문에 대한 충분한 감정적 피드백만큼이나 적절한 정보적 피드백을 제공해야 합니다. 만약 교수가 학생에게 적절하게 피드백을 제공하지 않는다거나 부정적인 피드백만을 제공하는 경우, 학생들은 더 이상 질문을 하지 않게 됩니다. 피드백의 단계를 공식화한다면 다음과 같이 할 수 있습니다.[11]

[1단계] 명확히 하기-내가 이해하지 못하는 부분이 있는가?
피드백을 줄 때에는 학생이 원하는 것이 무엇인지 파악하는 것이 우선입니다. 처음 질문을 시작할 때에 스스로 원하는 것을 명확하게 표현하지 못하거나 또는 스스로도 모르고 질문을 할 때도 종종 있습니다. 따라서 학생이 자신의 의미를 명료화하고 구체화할 수 있도록 좀 더 정확한 피드백이 필요합니다.

[2단계] 좋은 점 말하기-인상적이고 주목할 만한 것은 무엇인가?
흔히 교수는 학생이 아이디어가 좀 더 성장할 수 있도록 하기 위해서는 문제점을 지적해주어야 한다고 생각합니다. 이는 자칫 학생들이 방어벽을 쌓게 하고 흠이 잡히지 않는 데만 집중하게 할 수 있습니다. 따라서 아이디어의 강점과 이를 더 발전시킬 수 있는 방법에 초점을 맞춘다면 이후 우려 사항에 대해 피드백을 주더라도 비난으로 여기지 않을 것입니다.

[3단계] 우려 사항 표현하기-어떤 우려 사항이 있는가?
아이디어에 우려 사항을 표현할 때에도 개인적인 판단이나 공격이 되지 않도록 주의할 필요가 있습니다. 그 대신 '이 점에 대해 우려됩니다.', '이 부분을 고려하면 어떨까요?'와 같은 방식으로 이야기한다면 받아들이는 입장에서도 문제보다는 대안에 초점을 맞출 수 있을 것입니다.

[4단계] 제안하기-우려 사항을 잠재울 제안이 있는가?

교수는 학생에게 대안적인 아이디어를 제안할 수도 있습니다. 그러나 이 제안을 받아들일지 여부는 학생이 결정하도록 해야 합니다. 제안은 제안일 뿐 강제사항이 되어서는 안 되며, 또한 수업에 참여한 다른 학생들도 제안을 제시할 수 있도록 창구를 열어둔다면 더 창의적인 아이디어가 생성될 수도 있습니다.

교수도, 학생도 어느 순간 갑자기 질문을 잘 하기는 어렵습니다. 질문도 연습이 필요하며, 연습하면 할수록, 경험이 쌓이면 쌓일수록 자연스럽게 좋은 질문을 부담 없이 만들어낼 수 있게 됩니다. 물론 그러한 과정에서 시행착오도 있을 수 있습니다만, 그런 과정이야말로 성장을 위해 꼭 필요하고, 정말 대학에서 경험해야 할 과정이라는 것을 인식하는 것이야말로 질문기술을 키우는 첫 걸음이라 할 수 있습니다.

CHAPTER 7

학생의 주의를 끄는 기술

티칭 룰스

학습은 주의에서 시작된다

인간은 20분 이상 집중하기 어렵다고 합니다. 이것은 인류가 오랜 시간 진화하는 과정에서 생존을 위해 형성된 메커니즘이라고 과학자들은 말합니다. 이와 같은 인간 두뇌 특성을 이해한다면, 교수가 혼자 20분 넘게 강의를 진행하는 실수는 범하지 않을 것입니다.

다음은 60분 수업 동안의 집중력을 나타낸 그래프입니다.

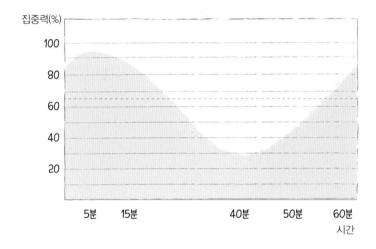

처음 15~20분 정도 집중하다가 집중력이 떨어집니다. 그러다가 수업이 끝나기 전에 다시 집중력이 높아집니다. 이러한 특성에 기반하여 강의를 할 때 초두효과, 최신효과를 활용하라고 말합니다.[1] 초두효과란 먼저 제시된 정보가 추후 알게 된 정보보다 더 강력한 영향을 미치는 현상이며, 최신효과란 최신 정보가 먼저 제시된 과거의 정보보다 더 잘 기억된다는 것을 의미합니다. 즉, 강의 시작할 때 중요한 내용을 알리고 강의가 끝날 때 다시 중요한 내용을 정리해 주는 것이 효과적이라는 것입니다. 학생들의 주의집중력이 높아 한 곳에 오래 머물면 좋겠지만 자주 다른 곳으로 옮겨가는 것은 인류가 생존을 위해 선택한 메커니즘입니다. 인류는 생존을 위한 진화과정에서 그것이 생존과 직결된 매우 중요한 일이거나 혹은 새로워서 위협이 될 수 있으니 살펴봐야 하는 일이 아니라면 한

가지에 오래 주의집중하지 않도록 진화했습니다. 만약 인간이 2~3시간 지속적으로 한 가지에 집중했다면 인류는 어떻게 되었을까요? 아마 천적들의 공격을 받아 멸종했을지도 모르겠습니다.

대학의 강의시간은 최소 1시간 30분 이상입니다. 긴 강의에서 강의 시작할 때와 끝날 때, 단 두 번만 학생들이 강의에 주의집중을 한다면 강의를 진행하는 교수는 매우 지칠 것입니다. 그리고 '내가 이렇게 공부하기 싫어하고 집중하지 않는 학생들을 가르치기 위해서 그렇게 힘든 공부를 했나?' 혹은 '내 강의가 그렇게 재미가 없나?' 하는 마음이 생기면서 강의를 즐겁게 지속하기가 점점 어려워질 것입니다. 하지만 앞에서 말한 학생의 짧은 주의집중력은 타고난 두뇌 특성이므로 학생들이 집중을 못하는 것이 어쩌면 당연한 현상임을 이해하고 받아들인다면 마음에 여유가 생길 것입니다. 저는 간혹 학생들이 주의집중을 못하면 '참 진화가 잘 된 학생이구나.'라고 마음 속으로 칭찬을 합니다. 그리고 학생의 주의를 끄는 방법들을 교수가 적극적으로 모색해야 한다는 사실을 상기합니다. 아무리 중요한 내용이라도 학생들이 주의를 기울여 듣지 않는다면 소용이 없습니다. 학생이 강의에 주의를 기울이지 않는다면 학습은 일어나지 않습니다. 주의에서부터 학습은 시작됩니다. 그렇다면 학생의 주의를 끄는 기술에는 어떤 것들이 있을까요?

90/20/8 법칙

밥 파이크의 「창의적 교수법」에 제시된 90/20/8법칙은 학습자의 주의집중력을 고려한 교수전략입니다.[2] 90/20/8법칙에서 숫자의 의미를 살펴보면, 어떤 교육 단위도 90분을 넘지 않게 하고, 20분마다 변화를 주며, 8분마다 학습자들을 참여할 수 있는 방법을 포함시키라는 것입니다. 이는 교수가 강의를 설계할 때 학생은 20분 이상 집중하기 어렵기 때문에 20분 단위로 변화를 줘야 한다는 사실과, 8분마다 학생이 참여할 수 있도록 다양한 전략을 포함시켜야 한다는 의미입니다. 결국, 학생의 주의를 지속적으로 끌도록 교수전략을 짜라는 것입니다.

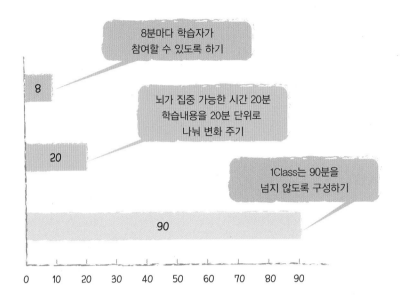

스팟(SPOT) 기법

변화를 줘서 주의를 끄는 방법 중에 스팟(SPOT) 기법이 있습니다. 스팟 기법은 짧은 시간 내에 학생의 주의를 집중시키고 적극적으로 참여를 유도하는 심리연출법입니다.[3] 스팟은 교육적이어야 하며 흥미와 신선감이 있어야 하고 짧은 시간에 이뤄져야 합니다. 스팟 기법을 수업에 잘 활용하면 다음과 같은 효과가 있습니다.

※ 정답은 104쪽 확인

정답을 확인하고 오셨나요? 이처럼 효과적인 강의를 위해 학습자의 주의를 끌고 마음을 열게 하는 효과가 있는 스팟은 강의 시작, 강의 중간, 강의 마무리 어디든지 위치할 수 있습니다. 90/20/8법칙처럼 8분마다 스팟을 넣는다면 가장 효과적일 것입니다. 이 때 중요한 것은 스팟이 수업내용과 관련 있고 학습에 도움이 되도록 구성하는 것입니다. 강의 초반에는 어색한 분위기를 깨기 위해서 수업내용과 직접적으로 관련 없는 활동들이 포함될 수도 있지만, 학기가 진행되고 레포가 형성된 이후에는 수업내용과 연계된 활동을 구상하실 필요가 있습니다.

주의를 끄는 12가지 기법

주의를 끄는 방법은 교수 스스로의 필요에 의해 관심을 가지고 개발할 때 가장 효과적입니다. 교수법 워크숍이나 책을 통해 습득한 것을 본인의 강의내용과 진행방식에 잘 맞게 개선하는 노력이 필요합니다. 효과적인 주의 끌기 방법을 실행하기 위해서는 관심을 갖고 아이디어와 정보를 축적해야 합니다. 잘 만들어진 주의 끌기 방법은 교수활동에서 대단히 소중합니다. 저자가 강의에서 적용하는 주의 끌기 기술을 다음과 같이 네 가지로 분류하여 소개하고자 합니다.

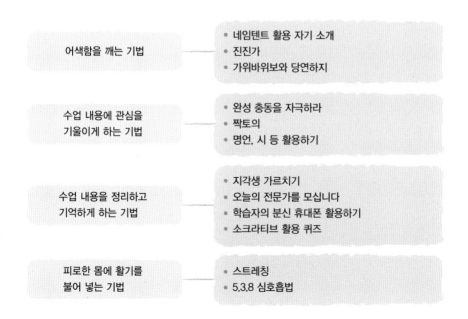

어색함을 깨는 기법	• 네임텐트 활용 자기 소개 • 진진가 • 가위바위보와 당연하지
수업 내용에 관심을 기울이게 하는 기법	• 완성 충동을 자극하라 • 짝토의 • 명언, 시 등 활용하기
수업 내용을 정리하고 기억하게 하는 기법	• 지각생 가르치기 • 오늘의 전문가를 모십니다 • 학습자의 분신 휴대폰 활용하기 • 소크라티브 활용 퀴즈
피로한 몸에 활기를 불어 넣는 기법	• 스트레칭 • 5.3.8 심호흡법

제 목	네임텐트를 활용한 자기 소개
사 용 시 점	처음 만나서 서로 어색할 때
소 요 시 간	5~10분
준 비 물	A4용지, 매직(혹은 굵은 펜)
특 징	• 자신을 소개하는 원고를 미리 작성하므로 소개할 때 부담감이 적다. • 종이를 접고 만드는 활동, 작성하는 활동을 통해 참여도가 높아진다.

진 행 순 서

1 A4용지를 이용하여 모양을 만든다

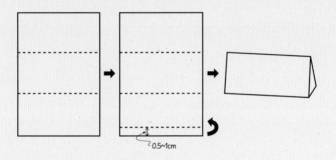

0.5~1cm

2 중앙에 자신의 이름, 네 귀퉁이에 자신을 소개할 수 있는 내용을 쓴다.

- 닉네임
- 최근 나를 기쁘게 했었던 일?
- 인생에 기억에 남는 일?
- 오늘의 기분 등

3 다른 사람이 볼 수 있도록 책상 위에 올려놓고 자기 소개를 한다.

주의할 점
- 소요시간을 명확히 인식시켜 지나치게 사담으로 흐르지 않도록 한다.
- 모든 구성원이 말할 수 있는 기회를 갖도록 한다.

제 목	진진가(진실 혹은 거짓)
사 용 시 점	어색함을 풀고 서로에 대해서 알고 싶을 때
소 요 시 간	5~10분
준 비 물	A4용지, 매직(혹은 굵은 펜)
특 징	• 교수와 학생 간에 서로 소개할 때 유용한 방법이다. • 교수는 진진가를 설명하는 과정에서 예를 보여주면서 자연스럽게 자신에 대한 소개를 할 수 있다. • 학생 간에 빠르게 친해질 수 있다.

진 행 순 서

1 자신과 관련된 사실을 진짜 두 가지, 가짜 한 가지 적는다.

(되도록 자신을 잘 알릴 수 있는 구체적인 내용으로)

예시)
- 가족관련: 나는 2남 1녀 중 장남이고, 동생들에게 존경받는 형이고 오빠이다.
- 취미관련: 나는 노래하는 것을 좋아해서 가수 오디션에 12번 도전했다.
- 성격관련: 매우 적극적이어서 중학교 때 학생회장을 했다.

2 한 사람씩 준비한 진진가를 말한다.

3 다른 학생들은 정보 중 몇 번이 진짜이고, 가짜인지 맞춘다. 이 때 진짜 혹은 가짜라고 생각한 이유를 말한다.

4 당사자가 어떤 것이 진짜이고, 가짜인지 관련 경험 등을 부연하여 설명한다.

주의할 점
- 진실의 문항은 검증이 가능한 것으로 해야 한다.
- 너무 장난스럽거나 황당한 내용은 항목에 넣지 않는다.
- 문항은 자신을 가장 잘 소개할 수 있는 내용으로 구성한다.
- 거짓의 내용도 마치 사실인 것처럼 착각할만한 내용으로 정리하는 것이 좋다.

❸ 가위바위보와 당연하지

[활용도 ★★★★★]

제 목	가위바위보와 당연하지
사용시점	강의를 시작하면서 분위기를 풀고 수업에 주의집중시키고자 할 때
소요시간	2분
준 비 물	교수가 미리 질문 준비하기
특 징	• 수업과 관련되는 간단한 질문을 통해 수업에 흥미를 유발할 수 있다. • "발표 준비를 위해 참고 도서 읽고 있지?"와 같은 질문으로 학습자의 학습과정을 점검할 수 있고 학습자가 미리 미리 준비할 수 있도록 환기시킬 수 있다. • 가위바위보 활동을 통해 학습자는 서로의 존재를 인식하고 능동적으로 몸을 움직이면서 활력을 찾는다. • 교수가 준비한 질문을 하고 '당연하지'라고 답을 하는 과정에서 소리를 내는 등 다양한 감각을 통해 학습에 관심을 갖게 된다.

진 행 순 서

① 2명이 짝이 되어 가위바위보를 한다.

가위바위보 이긴 학습자가 질문하기
진 학습자는 질문에 무조건 '당연하지'로 답하기

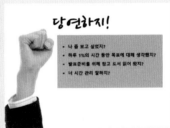

당연하지!
• 나 좀 보고 싶었지?
• 하루 1%의 시간 동안 목표에 대해 생각했지?
• 발표준비를 위해 참고 도서 읽어 왔지?
• 너 시간 관리 잘하지?

② 가위바위보에 이긴 학습자는 교수가 준비한 질문을 한다.

③ 진 학생은 질문에 무조건 '당연하지'라고 답변한다.

주의할 점	• 질문은 학생이 친해질 수 있는 내용 혹은 수업과 관련된 내용으로 준비한다. • 모든 학생이 쉽게 참여할 수 있도록 간단한 질문을 준비한다.

4 완성 충동을 자극하라

[활용도 ★★★★★]

제 목	완성 충동을 자극하라(초성퀴즈)
사용시점	새로운 개념을 학습하고자 할 때
소요시간	1~3분
준 비 물	PPT 혹은 판서
특 징	• 주요한 단어나 문장을 완성된 형태로 보여주지 않고 미완성해서 보여줌으로써 학생의 주의를 끌 수 있다. • 수업 내용에 관심이 없는 학생들도 단어 혹은 문장을 완성시키고자 하는 충동을 느끼고 수업에 참여하게 된다. • 답을 맞춘 학생들은 성공의 경험을 통해 성취감을 느끼게 되고 수업에 재미를 느끼게 된다.

진행순서

1 학습하기 전에 주요한 내용의 단어 혹은 문장의 자음만을 보여준다.

2 답을 맞출 수 있는 시간을 준다.

3 답을 바탕으로 오늘 학습할 주요내용을 간략하게 전달한다.

주의할 점
• 오늘 학습내용에서 가장 중요한 내용을 선정한다.
• 학생이 답을 알지 못하더라도 교수가 바로 답을 알려주지 말고 힌트를 제공하여 학생이 맞출 수 있도록 유도한다.
※ 초성이 아니라 PPT에 빈칸을 만들어 답을 유도할 수도 있다.

⑤ 짝토의

제 목	짝토의
사 용 시 점	수업내용에 대해 생각하게 하고 싶을 때
소 요 시 간	5~10분
준 비 물	토의할 간단한 주제
특 징	• 학습 내용에 대해 학생이 갖고 있는 경험이나 생각을 정리할 수 있는 기회를 제공한다. • 수업 내용에 관심을 갖도록 유도한다. • 수업 시간에 학생이 참여할 수 있는 기회를 준다.

진 행 순 서

① 간단한 주제를 주고 짝토의를 하게 한다.

② 발표에 대한 부담을 줄이고 토의에 집중도를 높이기 위해 다음과 같은 발표 방식을 정한다.

• 발표는 가위바위보를 해서 지는 사람이 한다.
• 단, 발표 내용은 이긴 학습자가 이야기한 내용으로 구성한다. 발표를 상대방이 한 내용으로 구성해야 하므로 상대방이 하는 이야기에 집중해서 듣고 정리하게 한다.

주의할 점
• 짧은 시간 안에 토의할 수 있는 간단한 주제로 선정해야 한다.
• 짝이 서로에게 관심을 가지고 적극적으로 할 수 있도록 발표 등의 장치를 마련한다.

제 목	명언, 시 등 활용하기
사 용 시 점	학습내용에 관심을 유도하고 싶을 때, 내용의 시작 혹은 마무리 시점
소 요 시 간	1~3분
준 비 물	수업내용과 관련 있는 명언, 시
특 징	• 명언 혹은 시라는 새로움에 주의를 집중하게 된다. • 수업내용과 관련성이 깊을수록 학습 동기가 유발되고 집중도가 높아진다.

진 행 순 서

① 미리 준비한 PPT파일을 활용한다.

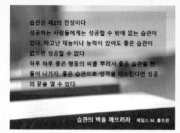 

※ '완성충동을 자극하라' 기법을 같이 적용할 경우 학습내용을 강조하는 효과가 있다.

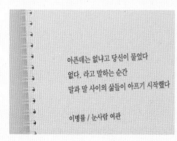 

주의할 점   • 수업내용과 관련이 있어야 한다.
　　　　　　　 • 생각할 수 있는 여운을 줄 수 있도록 강의 전략을 구상한다.

7 지각생 가르치기

제 목   지각생 가르치기

사 용 시 점   수업 중간에 학습한 내용을 복습하고자 할 때

소 요 시 간   3~5분

준 비 물   없음

특 징
- 수업 중간에 내용을 정리하고 복습할 수 있는 기회를 준다.
- 학생의 학습 이해도를 점검할 수 있다.
- 학생들 스스로 강의내용을 이해하고 있는지, 알고 있는지 일깨워준다.

진 행 순 서

1. 강의 시작 30분 후. 학생B가 지각을 하며 강의실에 들어왔고, 학생A가 지각한 학생B에게 30분간 배운 내용을 3분 안에 설명해주도록 한다.

2. 가위바위보를 해서 진 사람이 학생A가 되어 배운 내용을 설명해준다. 가위바위보에서 이긴 학생 B는 설명을 들으면서 이해가 안 되는 부분에 대해 질문 등을 생각한다.

3. 활동이 끝난 후 교수는 학생들의 질문을 받는다.

4. 질문을 한 학생은 칭찬해 준다.
   ※ 학생이 질문을 많이 하는 부분은 이해를 못한 부분이므로 다시 설명하는 시간을 갖는다.

5. 30분이 지나면 학생A와 학생B의 역할을 바꿔 실시한다.

주의할 점
- 질문 여부를 반드시 확인한다.
- 학생들이 복습할 수 있는 시간이 될 수 있도록 적절한 시점을 고려해서 미리 구상해 둔다.

8 오늘의 전문가를 모십니다

[활용도 ★★★★★]

제   목   오늘의 전문가를 모십니다

사 용 시 점   수업을 시작하면서 전날 강의내용을 복습하고자 할 때

소 요 시 간   5~10분

준 비 물   전문가 발표 자료

특   징   • 수업 시작할 때 이전 시간에 배운 내용을 복습할 수 있는 기회를 갖는다.
 • 오늘 강의내용이 어느 부분과 연결되고 전체 맥락에서 어느 위치에 있는지를 알려 준다.
 • 학습동기를 유발한다.

진 행 순 서

1 1~2명씩 그날 배운 내용을 요약해서 그 다음 강의시간에 발표하도록 과제를 부여한다.

2 강의가 시작되면 3분 동안 주요 내용을 요약해서 발표한다.

3 발표가 끝난 후 질문을 받는다. 오늘의 전문가가 질문에 답변을 한다.

※ 질문에 훌륭하게 답을 했다면 존경의 박수를 치도록 유도한다. 만약 대답을 잘 하지 못 했다면 교수가 설명을 제대로 하지 못한 결과이므로 교수는 자신의 잘못을 학생에게 인 정하고 전문가 대신 내용을 정확하게 설명한다.

4 질문을 한 학생과 전문가 모두에게 칭찬해 준다.

주의할 점   • 수업설계 단계에서부터 '오늘의 전문가'를 고려하고 학기 초기에 학생과 함께 정하는 작업을 한다.
 • 효과적인 활동이 될 수 있도록 '오늘의 전문가'가 발표하는 구성과 수준을 점검한다.

9 학습자의 분신 휴대폰 활용하기

[활용도 ★★★★★]

제 목 학습자의 분신 휴대폰 활용하기

사 용 시 점
- 교육 중간에 수업내용과 관련된 학습자의 의견을 구할 때
- 교육을 마무리할 때 수업내용을 정리 혹은 기억시키고자 할 때

소 요 시 간 2분

준 비 물 교수의 핸드폰 번호가 적힌 파워포인트 슬라이드

특 징
- 교수와 학생의 전화를 활용한 교육활동이다.
- 질문을 했을 때 학생이 답변이 없는 경우에 효과적으로 활용가능하다.
- 학생들이 직접적으로 참여할 수 있는 기회를 제공한다.
- 학생의 생각을 빠르게 점검 가능하다.

진 행 순 서

1 질문을 한다

(○ ○ ○에 대해서 본인의 생각은?, 오늘 학습한 내용 중에서 가장 중요한 단어 세 가지 등)

2 교수는 전화번호를 공개한다.

3 도착한 문자의 내용을 바탕으로 의견과 생각을 정리하면서 학습내용을 풀어가는 자료로 활용한다.

주의할 점
- 간단히 응답할 수 있는 주제로 선정한다.
- 활동을 위한 활동으로 끝나는 경우 학생이 참여할 필요성을 느끼지 못하게 되므로, 학생이 보낸 내용을 꼭 정리하는 시간을 갖는다.

10 소크라티브 활용 퀴즈

[활용도 ★★★★★]

제 목   소크라티브 활용 퀴즈

사 용 시 점
- 수업 시작할 때 이전 시간 학습내용에 대한 퀴즈를 볼 때
- 수업 중간에 수업내용과 관련된 학생의 의견을 알고 싶을 때
- 수업을 마무리할 때 수업내용을 얼마나 알고 있는지 간단한 퀴즈를 볼 때

소 요 시 간   3~5분

준 비 물   소크라티브 앱에 문제를 미리 만들어두기

특 징
- 실시간으로 학습자의 반응을 확인할 수 있다.
- 모든 학습자의 학습 상태를 확인할 수 있다.
- 간단한 도구를 활용하여 학습자가 직접 참여할 수 있다.
  ※ 핸드폰을 활용할 경우 실시간으로 모든 학습자의 상태를 확인할 수 없지만 소크
  라티브는 참여한 학습자의 실시간 퀴즈 내역을 확인할 수 있으며 결과 보고서를
  다운 받아서 정리할 수 있다.
  (상세 내용은 9장 교수매체 활용법 참조)

진 행 순 서

① 소크라티브(https://www.socrative.com/)에 접속한다.

② 학습자는 질문에 답을 한다.

 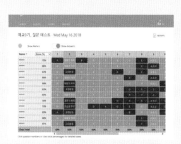

③ 실시간으로 답하는 과정이 보이며 그림에서처럼 빨간색으로 보이는 부분은 답이 틀린 부분
이다. 즉, 2번, 8번 같은 경우 틀리는 학습자가 많다는 것이 한눈에 확인 가능하다.

④ 많이 틀린 문제를 다시 한번 더 설명하는 과정을 갖는다.

※ 결과를 다운 받을 수 있으므로 점수를 성적에 쉽게 반영할 수도 있다.

주의할 점
- 퀴즈를 보고 피드백을 하는 시간을 갖는다.
- 문제를 미리 구상하고 수업내용을 잘 반영할 수 있도록 한다.

11 스트레칭

[활용도 ★★★★☆]

제　　목	스트레칭
사 용 시 점	교육 중간에 학생이 지쳐할 때, 수업 분위기가 침체될 때
소 요 시 간	1~3분
준 비 물	없음
특　　징	• 간단한 움직임을 통해 집중력을 회복한다. • 혈액 순환을 통해 뇌에 신선한 공기와 에너지를 공급한다. • 머리를 잠시 쉬게 하는 활동이다.

진 행 순 서

1 스트레칭 방법을 천천히 설명한다.

2 목, 팔, 어깨 등을 풀어주는 스트레칭을 한다.

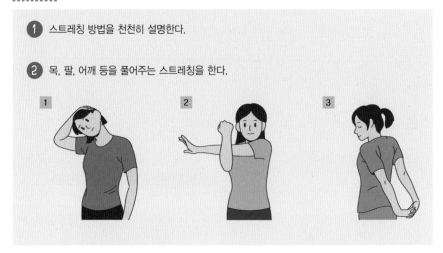

주 의 할 점
• 몸을 푸는 활동이 필요 없는 학생도 있으므로 100% 모두 참여시키려고 하지 않아도 된다.
• 스트레칭 방법을 단계별로 차근차근 설명하고 따라할 수 있도록 한다.
• 교수의 시범이 정확할수록 좋다.

12 5.3.8 심호흡법

[활용도 ★★★★☆]

제 목 5.3.8 심호흡법

사 용 시 점 교육 중간에 학생이 지쳐할 때, 수업 분위기가 침체될 때

소 요 시 간 3~5분

준 비 물 없음

특 징 • 간단한 움직임을 통해 집중력을 회복한다.
 • 혈액 순환을 통해 뇌에 신선한 공기와 에너지를 공급한다.
 • 머리를 잠시 쉬게 하는 활동이다.

진 행 순 서

1 5초 동안 코로 공기를 마신다.

2 3초 동안 숨을 참는다.

3 8초 동안 입으로 내 뱉는다.

5, 3, 8 심호흡법

5초 동안   **3**초 동안   **8**초 동안
코로   숨을 참는다   입으로
공기를 마신다.   내 뱉는다

주의할 점 • 단계별로 차근차근 설명하고 따라할 수 있도록 한다.
 • 최소 2~3번 반복할 수 있도록 한다.

지금까지 학생의 주의를 끌 수 있는 다양한 방법에 대해 알아보았습니다. 이렇듯 학생의 주의를 끄는 다양한 방법을 강의 시간에 활용하는 이유는 학생이 주의를 기울이는 것이 학습의 첫 단계이기 때문입니다. 일단 학생이 주의를 기울이고 학습에 참여를 해야 학습내용을 이해하고 기억할 수 있는 단계로 넘어갈 수 있는 것입니다. 주의를 끄는 활동은 두뇌를 깨워 기억을 돕습니다. 또한 즐거운 활동을 통해 긍정적 감정도 형성해 더욱 학습을 용이하게 합니다. 학습에 있어서 감정의 중요성은 잘 알고 계실 것입니다. 존 메디나의 「브레인 룰스」에 의하면 우리가 중요한 것을 기억하기 위해서 포스트잇을 활용하듯, 우리 두뇌는 감정이라는 화학적 포스트잇을 이용하여 중요한 것을 더 잘 기억할 수 있도록 한다고 합니다. 즉, 사건과 감정이 합쳐질 때 더욱 잘 기억할 수 있는 것입니다. 따라서 주의를 끄는 이러한 활동은 학생들에게 즐거운 감정 등을 유발하고 학생들의 화학적 포스트잇을 작동하게 하여 더 효과적인 강의가 되도록 합니다. 또한 이러한 활동은 잠시의 휴식을 제공하는 역할을 수행하기도 합니다. 학생들이 즐거운 감정으로 강의에 임할 수 있는 기회를 자주자주 제공해 주세요. 그리고 이러한 활동을 효과적으로 진행하려면 포기하지 않고 지속적으로 연구하고 적용해야 하며, 학생들에게 선택권을 주고, 긍정적인 태도를 유지해야 한다는 사실도 잊지 마세요.

90쪽 정답: ☆ 시선집중 / ☆ 공감대 형성 / ☆ 학습 분위기 / ☆ 적극적 참여

CHAPTER 8

학생 참여식
교수방법 I

티칭 룰스

학습을 일으키는 경험을 설계하라

우리는 흔히 훌륭한 교수라고 하면 학생들이 넋을 놓을 정도로 능수능란하게 강의하는 사람을 떠올립니다. 그래서 교수는 배우이고, 훌륭한 강의는 멋진 공연과 같다고도 말합니다. 교수가 배우처럼 강의를 한다고 학생들이 더 많은 것을 배울까요?

누구나 학창시절에 만난 훌륭한 교사에 관한 좋은 기억 하나쯤은 간직하고 계실 겁니다. 지적인 호기심을 자극하고 감동을 주는 강의를 듣고 들뜬 마음으로 교실 문을 나선 적도 있을 것입니다. 그런데 이런 의문이 듭니다. 정말 뭔가 배우긴 했을까? 시간이 지난 후에 그 강의실에서 배운 내용이 무엇인지 기억할 수 있을까?

성인이 된 후에 정말 재미있게 강의를 하는 것으로 유명한 분의 강의를 들은 적이 있습니다. 2시간이라는 긴 강의시간 동안 처음부터 끝까지 너무 재미있게 들었습니다. 너무 웃어서 입주변이 아플 정도였습니다. 그리고 강의내용이 좋아서 이건 꼭 기억해서 다른 사람들에게 알려줘야지 하는 생각도 했습니다. 그런데 강의가 끝나고 나오면서 강의내용을 기억하려고 하는데 들은 내용이 떠오르지 않았습니다. 정말 끝없이 웃었던 기억밖에 없었습니다. 순간 왜 기억이 하나도 나지 않지 하고 멍한 기분이었습니다.

그렇다면 저는 강의실에서 무엇을 배운 것일까요? 저는 재미있는 강의에 감동한 나머지 뭔가 배웠다고 믿어 버렸는지 모르겠습니다. 이처럼 교수는 지적인 언어로 지식을 쏟아놓으면서 학생의 흥미를 돋우고, 학생은 교수의 생각이 흘러가는 대로, 교수가 진행하는 대로 쫓아만 가는 형태의 수업만으로는 제대로 된 배움을 충족시키기는 어렵습니다. 강의를 통해 몰랐던 사실을 새로 알게 된다는 말 자체는 틀린 말이 아닙니다. 그러나 교수의 일방적인 강의식 수업만으로는 뭔가 부족합니다. 좀 더 효과적인 방법은 없을까요?

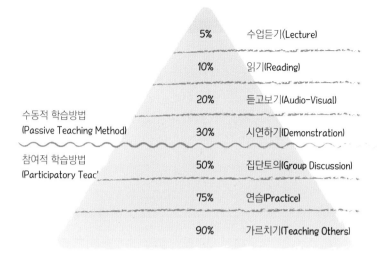

5%	수업듣기(Lecture)
10%	읽기(Reading)
20%	듣고보기(Audio-Visual)
30%	시연하기(Demonstration)
50%	집단토의(Group Discussion)
75%	연습(Practice)
90%	가르치기(Teaching Others)

수동적 학습방법
(Passive Teaching Method)

참여적 학습방법
(Participatory Teac'

학습 효율성 피라미드

한 연구 결과에 따르면, 학생들은 강연자의 유창성과 관계없이 전통적인 강의식 수업보다는 상호작용을 통한 참여를 했을 때 더 좋은 학업성취도를 보인다고 합니다. 이는 학습 효율성 피라미드 이론과도 일치합니다. 이에 따르면, 학생들은 강의만 들었을 때는 강의의 5%, 시청각 자료를 보았을 때는 20%만 기억하는 반면, 토의로 진행했을 때는 50%, 실제로 해보았을 때는 75%, 그리고 서로 설명하면서 가르치기를 했을 때는 90%를 기억한다고 합니다. 즉, 학습 효과를 높이기 위해서는 강의를 듣고 보기만 하는 수동적 학습을 넘어서서 학생들이 직접 말하고, 실제 경험해보고, 서로 공유하는 활동 등을 포함시켜야 한다는 것을 알 수 있습니다. 수업은 학생이 능동적으로 참여할 수 있도록 설계되어야 합니다.

「침묵으로 가르치기」 저자인 도널드는 현재 널리 행해지는 교육방법은 말로 가르치기이지만, 그것이 옳지 않다고 말합니다.[1] 새로운 지식을 명료하고 정제된 말로 가르치는 것이 교육의 기본 요소이기 때문에 말로 가르치는 것이 주를 이루어 왔지만 실제로 이러한 방법은 삶의 중요한 지식을 학생이 습득하게 하는 교수방법으로는 한계가 있습니다. '교육의 기본은 말로 가르치는 것'이라는 생각을 버리면 다른 형태의 교수법을 모색할 수 있을 것입니다. 그러면서 침묵으로 가르치기를 강조했습니다. 그가 말한 것처럼 '말로 가르치는 것이 교육이다.'

라는 전제를 버리는 순간 새로운 교수법이 떠오를 수 있습니다.

교수가 입을 닫고 침묵으로 가르친다니 이게 무슨 소리인가? 말로 설명하지 않는다면 어떻게 가르치는 것이 가능할까? 궁금할 것입니다. 하지만 교수 주도의 설명식 수업이 아니라 학생이 주로 말을 하고 교수는 침묵하는 학생 주도의 참여식 수업 방법은 매우 다양합니다. 또한 교수 주도의 수업방식보다 학생 중심의 참여식 수업방법이 학습에 더 효과적이라는 많은 연구결과가 보고되고 있습니다. 학생들의 효과적인 학습을 위해서 참여식 수업방법을 다양하게 활용할 필요가 있습니다.

대학에서는 전공, 교양 강의를 막론하고 강의식 수업방식이 가장 많이 활용되고 있습니다. 2005년 한 대학에서 실시한 조사 결과에 따르면, 강의식 수업방법을 80% 이상 활용하고 있었으며, 토론식, 발표식 수업방법 활용이 각각 18.6%, 14.0%로 그 뒤를 잇고 있는 것을 확인할 수 있습니다.[2] 최근 대학 차원에서 문제기반학습, 플립드 러닝 등의 새로운 교수방법을 결합한 교과목을 개발하고자 하는 시도가 증대되고 있지만, 새로운 교수법을 익히고 적용하는 것이 쉽지만은 않습니다. 새로운 교수법을 적용하려면, 먼저 새로운 교수방법을 익히고, 그에 맞추어 강의를 재설계해야 하며, 강의 진행을 위해 더 많은 시간과 노력을 투자해야 하고, 그 과정에서 다양한 시행착오를 겪을 수도 있습니다. 그럼에도 불구하고 미래사회에 적합한 인재를 양성해야 한다는 대학의 책무성이 강조되면서 많은 대학이 새로운 교수방법을 적극 권장하고 있습니다. 중요한 것은 교수의 특성, 그리고 강의의 특성에 맞는 교수방법을 찾는 것입니다. 그리고 처음부터 모든 강의에 참여식 방법을 적용하기보다는 그에 맞는 교과목 또는 일부 주차에 적용해나가면서 가장 최선의 방법을 찾아나가면 됩니다.

그렇다면 학생 참여식 교수방법에 어떤 것들이 있는지 한 번 탐색해볼까요? 이 장에서는 학생 참여식 교수방법 중 대학에서 적용하기에 적합한 토의·토론법, 협동학습, 문제기반학습, 액션러닝에 대해서 살펴보도록 하겠습니다.

토의 · 토론법

개념 및 특성

토의법은 가장 많이 활용하는 학생 참여식 교수방법일 것입니다. 토의란 '어떤 주제에 대하여 여러 사람이 정보와 의견을 교환하여 그 주제에 대해 학습하거나 문제를 해결하는 말하기와 듣기 활동'입니다. 즉, 토의가 이루어지기 위해서는 주제, 목적, 사람이 있어야 하고, 토의를 통해 정보와 의견의 교류가 있는 상호작용이 이루어져야 합니다. 이에 반해 토론은 '어떤 주제에 대해 찬성과 반대의 입장에서 의견을 논리적으로 제시하고 이를 바탕으로 상대방의 의견을 반박하는 과정'에 초점이 맞춰져 있습니다. 따라서 토론 수업은 하나의 논제에 대해 찬성과 반대 입장을 정하여 각각 가능한 논거들을 조사하고, 다른 사람들 앞에서 그 주장을 펼치고, 상대방의 주장을 듣고, 분석하고, 반론의 논거를 찾아 공박하는 일련의 활동으로 이루어집니다. 토의 · 토론법은 협동학습, 액션러닝 등 다른 참여식 교수방법을 효과적으로 운영하기 위해 반드시 필요한 기법이기도 합니다.

세부 유형

일반적인 토의 방식은 아래와 같이 배심토의, 공개토의, 단상토의, 원탁토의, 버즈토의 등으로 구분할 수 있습니다. 강의에서는 특정한 형식이 없이 자유롭게 토의를 진행하는 경우가 많습니다. 그러나 학생들이 좀 더 다양한 토의 형식을 경험해보길 원한다면 아래의 토의 방식을 강의 상황에 맞게 변형하여 활용할 수 있을 것입니다.

토론의 기본적인 구성요소는 입론, 교차조사, 그리고 반박이라 할 수 있습니다. 입론은 자신의 주장을 근거와 함께 밝히는 것이라면, 교차조사는 상대 논리의 문제를 부각하는 심문과정입니다. 반박은 상대의 주장을 논리적으로 재논박하는 한편, 추가적인 근거나 자료를 통해 자기 팀의 입안을 보강하는 과정입니다.

토의법 세부 유형

원탁토의 (Round table discussion)	참가한 전원이 원탁에 둘러 앉아 상호 대등한 관계 속에서 주어진 주제에 대해 자유롭게 서로의 의견을 나누는 토의 형태	
버즈토의 (Buzz discussion)	특정 주제에 대해 6명으로 구성된 집단이 6분 동안 토의하는 '6×6토의', 벌집을 건드린 것 같이 윙윙거리며 진행된다고 '버즈토의'라고도 함. 3~6명으로 구성된 소집단별 토의를 먼저 진행한 후, 전체 집단이 함께 모여 토의 결과를 종합하여 결론을 내리는 방법으로 진행	
어항식 토의 (fish bowl)	학생을 두 집단으로 나누고 안쪽 원에 있는 학생들은 토의하고, 바깥쪽 원에 있는 학생들은 토의 내용 및 자세를 관찰하는 형태. 직접 토의하는 경험과 다른 사람들이 토의하는 것을 지켜보는 경험을 통해 성찰을 할 수 있음	
배심토의 (Panel discussion)	상반된 견해를 대표하는 대표 토의자(패널) 2~5명이 사회자의 진행에 따라 토의하는 형태. 청중은 패널이 주장하는 바를 듣고 스스로 판단하며, 필요한 경우에는 질문이나 발언권을 얻을 수 있음	

이 세 가지 요소를 어떻게 배분하느냐에 따라 토론법의 세부 유형이 나누어지며, 대표적인 방법으로는 의회식 토론, 링컨-더글라스식 토론, CEDA식 토론 등이 있습니다.[3] 유형은 다르지만 강의 특성에 맞게 변형해서 사용하실 수 있으며, 학생들에게 토론자, 사회자, 평가자 등의 역할을 부여하는 것도 좋은 경험이 될 것입니다.

토론법 세부 유형

의회식 토론 (parlianmentary debate)	영국 의회에서의 토론과 토의에 기초하여 정립된 방법으로 쟁점에 대한 찬성과 반대 입장으로 나눠진 두 팀을 구성, 각각 팀당 2인으로 구성하여 자신에게 주어진 역할을 바탕으로 토론에 임하는 형태	라운드	토론절차	시간
		1	찬성 측 첫 번째 입론	7분
		2	반대 측 첫 번째 입론	8분
		3	찬성 측 두 번째 입론	8분
		4	반대 측 두 번째 입론	8분
		5	반대 측 반박	4분
		6	찬성 측 반박	5분
		보충 질의	입론 시작 후 1분, 종료 전 1분	
		총 소요시간		40분

링컨–더글라스식 토론	링컨과 더글라스가 노예제도의 존폐 여부를 놓고 벌인 7차례의 토론에서 유래된 일대일 토론방법으로 주로 가치논쟁에서 활용하는 형태	라운드	토론절차	시간
		1	긍정 입론	6분
		2	부정 교차조사	3분
		3	부정 입론	7분
		4	긍정 교차조사	3분
		5	긍정 반박	4분
		6	부정 반박	6분
		7	긍정 반박	3분
		총 소요시간		32분

CEDA식 토론 (Cross Examination Debate Association)	정책을 대상으로 하는 토론에 가장 적합한 방식으로 찬성과 반대 입장의 팀이 각각 2인으로 구성하여 입론, 교차조사, 반론을 하는 3단계로 구성된 방법	라운드	토론절차	시간
		1	긍정 측 1번 토론자 입론	8분
		2	부정 측 2번 토론자 교차조사	3분
		3	부정 측 1번 토론자 입론	8분
		4	긍정 측 1번 토론자 교차조사	3분
		5	긍정 측 2번 토론자 입론	8분
		6	부정 측 1번 토론자 교차조사	3분
		7	부정 측 2번 토론자 입론	8분
		8	긍정 측 2번 토론자 교차조사	3분
		9	부정 측 1번 토론자 반박	4분
		10	긍정 측 1번 토론자 반박	4분
		11	부정 측 2번 토론자 반박	4분
		12	긍정 측 2번 토론자 반박	4분
		작전 타임	팀당 5분	10분
		총 소요시간		70분

주요 단계

팀 구성

일반적으로 팀 활동에 적절한 학생 수는 4명으로 알려져 있습니다. 4명으로 구성된 팀은 팀원 간의 상호작용이나 구성원 각자가 갖는 책임감, 역할 분담이 가장 적절히 이루어질 수 있습니다.[4] 그러나 학생 수가 많으면 팀 수가 늘어나 토의 및 발표 등에 어려움이 있을 수 있으므로 4~6명으로 구성하는 것이 일반적입니다. 한 팀의 구성원이 6명 이상이 되면 팀원 간의 상호작용에 어려움이 있을 수 있습니다.

팀을 구성하는 가장 쉬운 방법은 학생들이 직접 팀을 구성하게 하는 것입니다. 그러나 이 경우 팀원 간의 친교를 맺기는 쉽지만 서로 다른 의견이나 자극이 없다는 단점이 있을 수 있으므로, 교수가 성별, 연령, 학업수준, 개인적 특성 등을 고려하여 편성하는 것을 권장합니다.

수업 운영

토의 수업은 일반적으로 준비, 실시, 정리의 3단계로 운영됩니다. 교수는 준비단계에서 토의가 이루어지기 위해 필요한 환경을 조성하고, 실행단계에서는 학생들의 토의 과정을 모니터링하고 토의가 이루어질 수 있도록 촉진하며, 정리단계에서는 팀별로 토의결과를 발표하고 토의내용에 대해 요약 정리하는 역할을 담당합니다.

1단계 토의 준비	2단계 토의 실시	3단계 토의 정리
• 토의집단 편성 • 주제 제시/설명 • 토의 관련 자료 제시 • 토의수업 사전 훈련	• 진행자 선정 • 주제 할당 • 팀별 토의 • 토의 결과 정리 • 교수의 토의 결과 검토	• 교수의 진행 • 팀별 발표 • 전체 토의 • 종합 정리 • 평가

이에 반해 토론수업은 토론을 위한 사전준비가 잘 이루어질 수 있도록 토론의 규칙을 명확하게 전달하고, 토론자 또는 토론팀의 준비과정을 점검해주어야

1단계 토론 준비	2단계 토론 실시	3단계 토론 정리
• 논제 선정 • 토론자 선정 • 토론 준비 • 토론수업 사전 훈련 • 토론 정리 양식 준비	• 진행자 선정 • 역할 분담 • 전체 토론	• 교수의 진행 • 종합 정리 • 평가

하며, 토론이 진행하는 과정에서 예기치 못한 일이 발생할 때 적절히 개입하는 지원자 및 촉진자의 역할을 담당해야 합니다. 아울러 정리단계에서는 평가 및 피드백이 이루어질 수 있도록 해야 합니다.

토의·토론 규칙

토의 · 토론 수업이 원만하게 이루어지기 위해서는 규칙을 명확하게 정하고, 공유할 필요가 있습니다. 토의 · 토론의 내용만큼이나 이러한 경험도 귀중한 학습경험이 될 수 있습니다. 토의 · 토론의 규칙은 교수가 정해서 주지시킬 수도 있고, 학생들이 합의하여 수정하거나 새로 만들도록 할 수도 있습니다. 강의실에서 활용할 수 있는 일반적인 토의 · 토론 규칙은 아래와 같습니다.[5]

- 모든 사람에게 말할 기회가 주어진다.
- 모든 사람에게 차례로 의견을 물어볼 수 있다.
- 모든 사람은 의견을 공유한다.
- 다른 사람의 발표를 잘 듣는다.
- 다른 사람의 의견을 존중한다.
- 누구나 대안을 낼 수 있다.
- 자신의 의견을 수정할 수 있다.
- 같은 팀이라고 생각하고 토의·토론을 한다.
- 왜 그렇습니까? 찬성합니까? 어떻게 생각합니까? 당신의 의견은 무엇입니까? 등 분명한 질문을 해야 한다.

평가

　토의 · 토론수업은 학생 참여 수업이므로 학생들이 참여하는 과정과 결과가 평가의 대상이 됩니다. 이 때 교수뿐만 아니라 학생도 평가의 주체가 될 수 있습니다. 학생들은 토의 · 토론의 결과뿐만 아니라 팀원들 간의 활동도 평가할 수 있습니다.

토의 · 토론 팀 구성원 평가표

* 각 개인의 각각의 준거에 따라 해당 점수를 기입하세요.

(매우 우수 = 5, 우수 = 4, 보통 = 3, 부족 = 2, 매우 부족 = 1)

내용	팀원이름			
팀 활동에 적극적으로 참여하였다				
토론 결과를 도출하는 데 공헌하였다				
다른 사람의 의견을 경청하였다				
질문을 제기하고 다른 사람의 질문에 답하였다				
유용한 정보를 찾아 제공하였다				
다른 팀원들과 협력하였다				
긍정적인 의견을 제시하였다				
리더십을 발휘하였다				
다른 팀원을 칭찬하고 격려하였다				
점수 합계				

토의 · 토론 전체 팀 평가표

평가자:

* 팀명:
* 주제:

내용	전혀 그렇지 않다	그렇지 않다	보통 이다	그렇다	매우 그렇다
주장에 대한 근거가 타당한가?					
주장이 논리적으로 제시되었는가?					
상대방 주장의 오류나 문제점을 논리적으로 잘 지적하였는가?					
상대방의 질문에 적절한 근거를 들어 답변하였는가?					
주어진 토론시간을 잘 지켰는가?					

하브루타와 하크니스 티칭

토의·토론법과 관련하여 최근 주목받고 있는 것이 하브루타와 하크니스 티칭입니다. 하브루타는 두 사람이 짝을 이루어 토의 또는 토론을 하는 방법이라면, 하크니스 티칭은 12명의 학생이 함께 지식을 나누며 자유롭게 토의하는 방법이라 할 수 있습니다.

하브루타

하브루타(Havruta)는 친구라는 뜻의 히브리어 '하버(Haver)'에서 유래된 용어입니다. 원래 유대인의 고전적 학습법으로 두 사람이 함께 짝을 이루어 공부하면서 질문, 토의, 논쟁하는 방법입니다. 하브루타는 두 사람 간의 상호작용을 핵심으로 합니다. 즉, 서로가 질문과 대답을 주거니 받거니 하면서 대화가 지속되는 가운데 예리한 논리가 만들어지고 갈등 해결 방안이 모색됩니다.

켄트는 하브루타의 진행단계를 '경청과 재확인, 반문과 집중공략, 지지와 도전'의 3단계로 제시했습니다. 대학 강의에서는 강의목표에 따라 질문중심 하브루타, 비교중심 하브루타, 논쟁중심 하브루타, 친구 가르치기 등 다양한 형태로 활용할 수 있습니다.[6]

하크니스 티칭

하크니스 티칭(Harkness Teaching)은 미국 명문 사립고등학교인 필립스엑시터 아카데미의 하크니스 테이블에서 유래한 것으로 이 학교 수업의 운영 원리이자 전략입니다. 하크니스 테이블은 12명의 학생이 둘러앉아 토의를 할 수 있는 큰 타원형 탁자인데, 교수와 학생은 이 테이블에 둘러앉아 서로의 지식을 나누게 됩니다. 이 모형에서 학생들은 동등한 위치에서 함께 지식을 만들어나가는 능동적인 주체가 됩니다.

하크니스 티칭에서 학생들에게 요구되는 주요 행동은 ① 열린 마음, ② 동의, ③ 이의 제기, ④ 질문, ⑤ 교재 인용, ⑥ 이해 정도 확인, ⑦ 용어 정의, ⑧ 아이디어 개발, ⑨ 의견 간 차이점 제시, ⑩ 주제 해석, ⑪ 요약 정리, ⑫ 논의된 것 중 놓친 것이 있는지 확인, ⑬ 별도의 내용, 관점 통합, ⑭ 결론 도출 등으로 정리할 수 있습니다.

협동학습

개념 및 특성

협동학습은 학습능력이 각기 다른 학습자들이 동일한 학습목표를 달성하기 위해 소집단 내에서 함께 활동하는 교수방법입니다. 전체 학생을 2~6명 규모의 소그룹으로 조직하고, 소그룹에 속한 개개 학생의 학습목표와 전체의 학습목표를 동시에 달성하도록 하는 방법으로 소그룹을 잘 구성하고, 소그룹 학생들 간에 협동을 이끌어내는 것이 중요합니다.

협동학습은 전체 강의인원이 소그룹으로 나뉘어 학습하기 때문에 자칫 조별수업과 같은 것으로 이해되기 쉽습니다. 그러나 전략과 학습결과 측면에서 협동학습이 제대로 구현되기 위해서는 아래와 같이 구분할 필요가 있습니다.[7]

협동학습과 조별수업의 차이

협동학습	일반적인 조별수업
• 구성원의 이질성	• 구성원의 동질성
• 개별책무성, 상호의존성 있음	• 개별책무성, 상호의존성이 없음
• 지도력을 공유함	• 한 사람이 지도자가 됨
• 과제와 구성원의 관계 지속성 강조	• 과제만 강조
• 교수가 지속적으로 관찰하고 개입함	• 교수의 관여는 재량에 따름

세부 유형 및 단계

과제분담학습모형(JIGSAW)

과제분담학습모형은 학습과제를 모둠 구성원 수에 맞게 나눈 후 각 구성원에게 학습과제를 부여합니다. 그리고 다음 단계에 같은 과제를 맡은 학생끼리 모여서 전문가 그룹을 구성하고 함께 학습한 후 원래 모둠으로 돌아가 전문가 그룹에서 학습한 내용을 다른 학생들에게 가르쳐 주면서 학습내용을 공유하도록 하는 학습방식입니다.

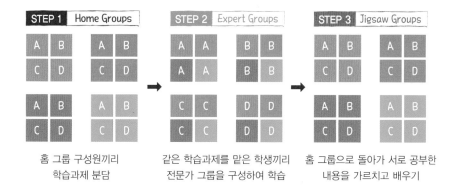

STEP 1 Home Groups	STEP 2 Expert Groups	STEP 3 Jigsaw Groups
홈 그룹 구성원끼리 학습과제 분담	같은 학습과제를 맡은 학생끼리 전문가 그룹을 구성하여 학습	홈 그룹으로 돌아가 서로 공부한 내용을 가르치고 배우기

과제분담학습모형은 한 명의 교수와 다수의 학생으로 되어 있는 전통적인 경쟁 학습 구조를 소모둠 협동 학습 구조로 바꿨습니다. 교수가 주된 자료 공급원이 아니라 모둠 구성원들이 서로 주된 학습 자료의 공급원이 되면서 개인적인 경쟁보다는 협동이 강조됩니다. 협동 학습을 할 때 어느 누구도 모둠 내 다른 동료의 도움 없이는 학습이 불가능합니다. 따라서 각 개인은 모둠 구성원의 성공에 결정적 기여를 할 수 있습니다. 동료들 간에 상호의존적 환경을 만들기 때문에 평가를 잘 받기 위해서는 다른 구성원의 도움을 받지 않을 수 없습니다.

팀보조개별학습모형(Team-Assisted Individualization: TAI)

팀보조개별학습모형은 개별화 학습의 장점과 협동학습을 결합한 형태입니다. 이는 학생 간의 개인별 성적 차이를 좁힐 수 있는 효율적인 협동학습 모형입니다. 절차는 다음과 같습니다.

1단계	집단구성과 진단평가	– 진단검사 실시 – 성적 분포가 고르게 모둠 구성
2단계	학습자료 배포	– 개별학습지, 형성평가지, 점수기록표, 평가표, 정답지 미리 배포 – 개별학습지는 수준별로 다르게 준비
3단계	학습진행 안내	– 학생 내용 및 협동학습 절차 설명
4단계	소집단 활동	– 개별학습, 모르는 것은 짝과 교수에게 도움 요청 – 개별학습 후 형성평가 단계별로 실시, 짝이 채점 – 각 과정마다 점수기록표에 점수를 기록 – 모르는 것은 짝과 교수에게 도움을 요청하여 학습

5단계	집단 교수	– 교수는 필요한 경우 각 집단의 같은 수준 학습자를 직접 교수
6단계	집단 점수와 집단 보상	– 학생은 평가표를 확인하며 성찰 – 교수는 학습일지를 기록하고 잘한 모둠에 보상

팀보조개별학습모형에서 개별 보상과 협동보상이 혼합된 형태로 진행됩니다. 아래의 예시를 참조하세요.

팀보조개별학습모형에서의 모둠 평가 예시

부가점수	성취도	성적 향상도
20	95~100점	40점 이상 향상
15	90~94점	30~39점 향상
10	80~89점	20~29점 향상
5	70~79점	10~19점 향상

※ 예) 사전검사 점수 60점이었던 학생이 사후검사 점수 100점을 받았을 경우
　　 – 성취도에서 20점과 성적 향상도에서 20점을 받아서 개인점수 40점을 획득
　　 – 모둠 점수는 개인점수를 모두 합한 점수입니다.

문제기반학습(PBL)

개념 및 특성

문제기반학습(Problem-Based Learning: PBL)은 '학생들에게 실제적인(authentiz) 문제를 제시하고, 개별학습과 협동학습을 통해 공동의 해결안을 마련하는 일련의 과정에서 학습이 이루어지게 되는 학습방법'[8]입니다. 문제기반학습은 1970년대 중반 의과대학 교육의 문제점을 개선하기 위해 개발되었습니다. 바로우(Barrows)는 의과대학 학생들이 방대한 의학적 지식을 알고 있음에도 불구하고 환자 진단에 어려움을 겪는 것이 강의식 수업의 문제라고 보았습니다. 그에 따라 환자를 진단하듯이 하나의 정답을 찾기보다는 다양한 정보를 통해서 의사결정할 수 있도록 자기주도적 학습능력과 가설 연역적 추론능력을 길러줄 수 있는 교수방법으로 문제기반학습을 제안하였습니다. 이처럼 문제기반학습은 의과대

학의 독특한 교육적 요구 상황에 대응하기 위해 개발되었지만, 최근에는 의학뿐만 아니라 공학, 경영, 교육, 법률 등 다양한 전문 영역으로 확장되고 있습니다.

　문제기반학습의 가장 큰 특징은 첫째, 문제에서부터 학습이 시작된다는 것입니다. 둘째, 문제기반학습은 학생 중심 수업입니다. 학생은 문제 해결자로서 좋은 해결책을 찾기 위해 필요한 많은 정보와 지식들을 직접 다루면서 학습에 대한 상당한 책임을 맡게 됩니다. 셋째, 그에 따라 교수는 지식 전달자에서 학습 촉진자의 역할을 담당하게 됩니다. 즉, 문제를 설계하고, 학습 계획을 세우고, 학생 집단을 조직하고, 평가를 하는 동시에 학생들을 관찰하고 적시에 학습동기를 부여하고 피드백을 제공해주어야 합니다.

세부 유형

　문제기반학습은 수업의 운영방식, 문제제시의 방식에 따라 세부 유형을 나눌 수 있습니다.' 어떤 모형을 선택할 것인가는 강의 규모, 교과목의 특성, 수강생의 특성 등을 고려하여 결정할 수 있을 것입니다.

수업운영방식에 따른 유형	의과대학 모형	– 소수의 학생 – 각 그룹마다 토론을 관찰하는 튜터 배치 – 정규 수업시간과 별도의 PBL 코스 활용
	퍼실리테이터 모형	– 정규 수업시간 일부를 활용 – 팀 토론 시 교수자는 여러 팀을 고루 관찰하고 토론을 촉진 – 각 팀의 결과 발표 및 발표 후 팀간 토론 시간 배정
	동료 튜터 모형	– PBL을 미리 경험한 학생이나 선배들이 팀 토론 보조 – 학생 튜터에 대한 사전 훈련 필요 – 대규모 수업에서 활용 가능
문제제시방식에 따른 유형	독립문제형	– 강의 없이 한 학기 동안 PBL로만 수업하는 유형 – 지식과 기술의 발견을 학습목표로 하는 경우에 적합
	종합문제형	– 수업에서 배운 지식과 기술을 통합하는 종합문제를 학기말에 다룸 – 지식과 기술을 통합하는 과제에 적합
	문제–강의 반복형	– PBL을 진행한 후 관련 내용에 대한 강의 제공 – 특정 지식의 필요성을 깨닫게 하는 것을 목표로 하는 과제에 적합
	사례연구 –문제풀이형	– 학생들에게 해결해야 할 문제를 다양한 사례 형태로 제공 – 필요한 정보를 판단하고 탐색하는 것을 목표로 하는 과제에 적합

주요 단계

PBL은 문제 개발, 문제 제시, 문제 해결 계획 수립, 탐색 및 재탐색, 해결책 고안, 발표 및 평가의 6단계로 이루어집니다. 각 단계별로 수행해야 할 과업은 아래와 같습니다.

문제 개발 → 문제 제시 → 문제 해결 계획 수립 → 탐색 및 재탐색 → 문제 해결안 도출 → 발표 및 평가

문제 개발

문제기반학습에 적용되는 문제는 일반적으로 지금까지 우리가 수업 상황에서 경험해 왔던 문제와는 차이가 있습니다. 문제기반학습에서 문제는 학습내용의 이해도를 묻는 질문(question)이 아니라 학습내용의 조합과 적용을 통해 해결해야 하는 문제(problem)입니다. 문제기반학습은 학생들이 학습의 필요성을 인식할 수 있도록 실질적인 문제를 제시하는 것이 중요하며, 하나의 정답을 해결책으로 하는 것이 아닌 다양한 대안과 방법이 요구되는 비구조화된 문제를 제시하는 것이 중요합니다. 다음으로 PBL 문제를 평가할 수 있는 기준표를 제시해놓았습니다.[10]

PBL 문제분석 기준표

기준		내용
문제의 역할		문제로부터 학습이 시작되는가?
		학습에 필요한 지식과 기능을 충분히 포함할 정도로 포괄적인가?
		문제에 지식이 사용되는 맥락이나 상황이 제시되어 있는가?
		학습자의 역할이 제시되어 있는가?
		문제가 목표에 부합하는가?
		문제가 참신한가?
비구조성		문제 해결을 위해 문제를 분석하고, 정보를 찾고, 계획하는 과정이 필요한가?
		문제에 대한 다양한 해결책이 존재하는가?
		논쟁이나 토론의 여지가 있는가?
실제성	일반적 실제성	실제 사례인가?
		일상생활에서 발견될 수 있는 문제인가?
	물리적 실제성	현실적인 사물이나 자료를 사용하는가?
		문제 해결에 활용되는 사물이나 자료가 다양한가?
	인지적 실제성	일상적이고 자연스러운 사고 과정을 반영하는가?
		문제 해결에 요구되는 사고 과정이 그 분야의 전문가에 의해 사용되는 것인가?
	관련성	학습자의 수준에 적절한가?
		학습자의 경험과 관련이 있는 문제인가?
	복잡성	현실과 같이 복잡한 문제인가?
		둘 이상의 문제 해결 단계가 필요한가?

문제 제시

문제기반학습은 교수가 학생에게 문제를 제시하는 것으로부터 시작됩니다. 대개 문제는 문제상황을 기술한 문서로 되어 있어 해당 유인물을 나눠주는 것이 일반적입니다. 그러나 멀티미디어 자료가 포함된 문제라면 이를 함께 보며 문제를 제시할 수도 있습니다. 교수는 학생들에게 문제를 제시하고, 간단히 설명한 다음 그룹별로 활동을 시작하도록 합니다. 그룹활동을 시작하기 전에 PBL의 과정을 상기시켜주면 더 좋습니다.

문제 해결 계획 수립

문제기반학습의 주요 단계 중 문제 해결 계획 세우기 단계에서는 이미 배운 지식을 활용하는 것이 아니라 정보와 지식을 더 알아야 해결할 수 있는 문제를 제공하기 때문에 문제 해결 계획 과정이 필요합니다. 알고 있는 것, 알아야 할 것, 알아내는 방법으로 세분화하여 체계적으로 계획을 수립합니다.

문제 해결 계획표

생각, 가정들 (Ideas)

– 주어진 문제에 대해 이해한 사항(요구사항, 중요하게 고려해야 할 것 등)
– 해결안 도출과 관련된 가설, 추측
– 문제 해결에 도움이 되는 생각, 아이디어

알고 있는 사실들 (Facts)

– 문제에 제시되어 있는 내용 중 문제 해결을 위해 중요하게 고려해야 할 사실
– 문제 해결을 도출하는 데 도움이 되는 학습자들이 이미 알고 있는 사실

더 알아야 할 것 (Learning Issues)

– 문제 해결을 위해 학습해야 할 내용

학습자원 (Resources)

– 교수자가 미리 준비해둔 자료
– 학생들 스스로 마련한 자료

실천 계획 (Action Plan)

– 정보 및 자료 검색방법
– 시간 계획 및 역할 분담

처음 문제기반학습을 할 때에는 학습 과제의 도출이 잘 이루어지지 않을 수 있으므로 교수의 도움이 필요합니다. 무엇보다도 학생들이 문제 확인을 위한 모든 단계를 순서대로 잘 거칠 수 있도록 도와주어야 합니다. 또한 학생들이 적절한 학습할 수 있도록 학습의 방향과 수준을 조절해주어야 합니다. 그 과정에서 학생들의 학습 정도에 대한 교육적 진단을 하여 학습과정에서 공통적으로 어려움을 겪는 것에 대해서는 초기 단계에 도움을 주는 것이 필요합니다. 마지막으로 모든 학생들이 빠짐없이 그룹 활동에 참여하도록 유도해야 합니다.

탐색 및 재탐색

이 단계는 문제 확인 단계에서 도출한 학습과제를 분담하여 학생이 자기주도적으로 학습하는 시기입니다. 교수는 이 때 이루어지는 활동에 대해 관여할 수는 없지만, 학생들이 학습 중에 문제에 집중할 수 있도록 도와주어야 합니다. 온라인 공간을 활용하여 그룹별로 학습한 내용을 게시하고, 서로 공유하게 한다든지, 학생이 온라인 공간에 게시한 내용에 대해 교수가 격려, 칭찬 등을 하는 것도 한 방법이 될 수 있습니다.

문제해결안 도출

문제해결안을 도출하는 과정에서 학생들은 새로운 지식을 활용하여 자신이 세운 가설을 수정하고, 자료를 분석하고, 문제를 재해석하게 됩니다. 이 과정에서 학생들은 많은 내용을 학습하게 될 뿐만 아니라 학습하는 방법과 문제해결방법을 학습하게 됩니다. 교수는 학생들이 인용한 자료가 신뢰할 만한 것인지, 의견수렴방법이 타당한지 등 학습내용을 점검하는 방법이나 판단기준에 대해 질문함으로써 학생들이 이에 대해 생각하게 하고, 나중에는 스스로 이런 질문을 할 수 있도록 지원해주어야 합니다.

발표 및 평가

문제기반학습 역시 학생중심 수업이므로 학생들이 활동의 과정과 결과를 발표하여 공유하고 평가하게 하는 것을 권장합니다. 학습결과의 평가는 그룹별로 제시된 문제 해결안에 대한 교수의 평가와 학생 스스로가 자신의 학습 수행에 대해 평가하는 자기 평가, 동료에 의한 동료평가 등이 사용될 수 있습니다(동료평가는 토의·토론법에 제시한 평가표 활용). 문제기반학습에서는 특히 학습과정에 대한 성찰을 강조합니다. 학생들의 성찰일지는 학생 스스로 학습을 점검하는 자료인 동시에 교수의 강의평가 자료로도 활용될 수 있습니다.

문제기반학습 성찰일지

질문	의견
이번 수업에서 배운 것 중 가장 기억에 남는 것은 무엇인가?	
수업에서 배운 것을 어디에 어떻게 적용할 수 있는가?	
수업에서 개선되어야 할 점은 무엇인가?	

액션러닝

개념 및 특성

액션러닝(Action Learning)은 '팀 단위로 난해한 과제의 해결책을 도출·적용하는 과정에서 과제에 대한 지식과 해결 프로세스뿐만 아니라 잠재역량을 개발하는 실천적이고 창의적인 학습방법'으로 '행동(Action)'을 통해 '배운다(learning)'는 원리에 기초를 두고 있습니다.[11] 영국의 리반스(Revans)는 광부들을 대상으로 집단 컨설팅을 실시하며 문제상황에 직면하고 있는 내부 구성원들이 문제해결을 위한 아이디어를 구성하고 실제 해결책을 탐색하고 적용하는 주체가 되어야 실천적인 성과로 연결될 수 있다고 주장합니다. 즉, 문제의 정답이 밖에 있지 않고 안에 있다는 전제에 토대를 두고 있습니다.[12] 그에 따라 리반스는 「Action Leanring: New Techiques for management」를 통해 "L=P+Q" 공식을 소개하였고, 마쿼트는 이. "L=P+Q+R"이라는 공식으로 확장합니다. P는 프로그래밍(Programming) 또는 프로그래밍된 지식(Programmed Knowledge), Q는 질문(Questioning), R은 성찰(Reflection)의 약자로 이 공식은 실제 과제를 해결하기 위해 스스로 자료를 찾아서 공부하고, 그 과정에서 질문과 답변, 그리고 성찰이 이루어졌을 때 진정한 학습이 이루어질 수 있다는 것을 의미합니다.[13]

학자에 따라 액션러닝의 구성요소를 다양하게 제시하고 있지만, 마쿼트가 제안한 구성요소가 가장 보편적으로 활용됩니다. 마쿼트는 액션러닝의 주요 구성요소를 과제, 학습 팀, 실행전략, 질문과 성찰, 학습에 대한 몰입, 촉진자라는

여섯 가지 요소로 제시하였습니다.[14]

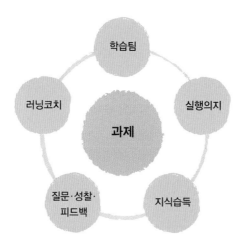

첫째, 액션러닝의 가장 중요한 특징 중 하나는 교육에 참가하는 개인 또는 팀이 실제 과제를 다룬다는 점입니다. 과제는 가상으로 만든 과제가 아니라 조직의 생존이나 이익과 직결되는 실제적인 과제이어야 합니다.

둘째, 학습 팀은 4~8명으로 구성합니다. 팀 구성 인원이 너무 적을 경우에는 팀원들 간의 역학관계를 기대하기 어려워 창의력이 잘 발휘되지 않을 수 있으며, 인원이 너무 많을 경우에는 팀원들의 발언과 성찰의 기회가 부족해 효과적인 활동이나 결과가 나오기 어렵습니다. 또한 다양한 시각과 경험을 가진 사람들이 혼합될 수 있도록 팀을 구성하는 것이 바람직합니다.

셋째, 액션러닝은 실패의 위험성이 있는 실제 과제의 궁극적·실질적 해결을 전제로 하며, 이를 위해서는 문제 해결을 위한 실천을 할 수 있는 실행의지가 액션러닝의 핵심 구성요소가 됩니다. 최근에는 이러한 실행을 강조하는 맥락에서 액션러닝 공식을 변형하여 'P+Q+R+I'로 확장하여 쓰기도 합니다. I는 실행(implication)을 의미합니다.[15]

넷째, 액션러닝의 과제와 해결과정에서 습득하는 지식은 과제의 내용과 관련된 지식, 그리고 과제해결 프로세스와 관련된 지식이 있습니다. 과제해결 프로세스 관련 지식으로는 과제해결 기술, 팀 리더십, 커뮤니케이션 기술, 프레젠테이션 기술, 프로젝트 매니지먼트, 회의 운영 기술, 갈등 관리 등이 있습니다.

다섯째, 액션러닝이 다른 학습방법과 구별되는 것은 과제를 해결하는 과정에서 학습이 이루어진다는 것이며, 이러한 학습은 지식에 질문과 성찰을 더하면서 이루어집니다.

마지막으로 교수는 학습 팀의 학습과 과제 수행이 효과적으로 이루어지도록 개입하는 러닝코치로서의 역할을 수행합니다. 러닝코치는 도입 단계에서는 학습 팀이 적절한 과제를 선정하고 적절한 과제를 선정할 수 있도록 지원하며, 진행 단계에서는 학습 팀이 과제해결을 잘 할 수 있도록 돕습니다. 마지막으로 종료 단계에서는 과제 해결안을 구체화하고 발표를 준비하는 과정을 지원하고 적절한 피드백을 제공해야 합니다.

주요 단계

액션러닝은 실제 문제를 해결하기 위해 현장의 자료를 수집, 분석, 적용합니다. 문제를 해결하는 과정은 다양할 수 있지만, 기본적으로 다음과 같은 과정을 거칩니다.

문제상황 인식 및 문제 명료화

이 단계는 실제 문제상황을 인식하고, 문제의 범위, 구체적인 내용, 그리고 최종 해결안의 형태 등을 정의하는 것입니다. 문제를 명확하게 하기 위해서는 요구사항 또는 당면과제가 무엇인지를 파악해야 합니다. 팀의 논의를 통해서 문제가 명확해질 때도 있지만, 때로는 실제 담당자와의 면담 등을 통해서 확인해야 할 때도 있습니다. 어떻든 문제를 잘 정의해야 무엇을 해야 할지 명확해질 수 있습니다. 따라서 문제의 선택이 매우 중요합니다. 마쿼트는 액션러닝 문제의 기준으로 '중요성, 긴급성, 적합성, 친숙성, 유의미성, 학습기회, 학습팀 실행력, 해결안의 부재' 등 여덟 가지를 제시하였습니다. 장경원과 고수일은 「액션러닝으로 수업하기」에서 액션러닝에 적합한 문제 기준을 아래 다섯 가지로 제시하였습니다.[16]

기준	내용
실제성	실제 과제인가?
중요성	학생과 현장에 의미있고 중요한 문제인가?
비구조성	문제해결을 위해 다양한 접근이 가능한가?
	문제의 해결안이 다양하게 제시될 수 있는가?
구체적인 결과물	문제해결을 확인할 수 있는 구체적인 결과나 결과물을 제시할 수 있는가?
학습기회 제공	문제가 학습목표에 부합하는가?
	학생의 경험과 지식으로부터 출발할 수 있는 내용인가?
	학생의 수준과 수행 기간을 고려할 때 적절한 난이도인가?

이 단계에서 그룹은 과제기술서를 작성합니다. 과제기술서에는 현상에 대한 개략적인 모습(As-Is)과, 그룹에서 도출할 구체적인 결과물 또는 궁극적으로 도달하고자 하는 이상적인 목표 상태(To-Be)를 최대한 구체적으로 명시해야 합니다.

문제해결을 위한 자료수집 및 분석

문제해결을 위한 자료수집 및 분석은 결과물을 산출하기 위해 연구를 진행하는 것입니다. 가장 먼저 연구 계획을 세우고, 계획에 따라 자료와 정보를 수집해야 합니다. 문제해결에 필요한 정보는 문헌 조사, 인터뷰, 관찰, 실험 등 다양한 방법으로 수집할 수 있습니다.

문제 해결안 개발과 타당성 검증

이 단계는 수집, 분석된 자료를 바탕으로 해결안을 도출하고 그 아이디어가 타당한지 검증하는 것입니다. 해결안 개발에서 가장 중요한 것은 구체성입니다. 문제를 해결하기 위해 누가, 언제, 무엇을 할 것인가 등을 구체적으로 결정하는 것이 바람직합니다. 또한 다양한 해결책을 나열하기보다 우선순위를 결정하고, 실행계획을 함께 제시해야 합니다. 또한 해결안의 타당성을 검증해야 하는데, 이를 위한 방법으로는 전문가 검토, 파일럿 테스트 등이 있습니다.

실행 및 평가

실행을 통한 학습이 액션러닝의 핵심이므로 액션러닝은 해결안을 발표하는데 그칠 것이 아니라 실행에 옮겨야 합니다. 따라서 액션러닝은 해결안을 실행에 옮긴 후 그 방안에 대해 정성적·정량적 분석을 하는 것이 원칙입니다. 그러나 대학 수업의 경우 이러한 과정을 거치기 어려워 문제해결보고서를 스폰서에게 보고하고 피드백 받는 것으로 대체하기도 합니다. 그런 후 학생들이 학습과정을 통해 배우고 느낀 점을 성찰하게 하고, 수업시간에 다른 학생들과 공유하게 합니다.

주요 기법

액션러닝이 효과적으로 이루어지기 위해서는 여러 가지 기법들이 필요합니다. 액션러닝에 사용되는 기법들은 창의적인 아이디어를 끌어내며 창출된 아이디어를 분석하고 유목화하며 실행계획을 세우는 데 도움을 줍니다. 일반적으로 액션러닝 기법은 생각의 생성 및 조직화, 분석 및 결정, 실행 및 평가를 위한 도구로 나누어 볼 수 있습니다. 그러나 이 기법들이 반드시 분류된 항목을 위한 도구로 사용되어야 한다는 의미는 아닙니다. 학습 팀은 상황에 따라 기법을 선택하여 활용할 수 있고 또한 중복해서 사용할 수도 있습니다.

액션러닝 기법의 활용

분류기준	내용	기법
생성 및 조직화	아이디어를 만들어 내고 이를 정리하는 데 도움	브레인스토밍, 브레인라이팅, 명목집단법, 연꽃발상법, 육색사고모자, 멀티보팅, 마인드맵 등
분석 및 결정	제시된 아이디어를 결정하고 분석하는 데 사용	로직트리, 5WHY, 의사결정 그리드, PMI, 피쉬본 등
실행 및 평가	아이디어를 실천하거나 과제를 해결하는 데 도움	성찰일지, 보고기법, 포트폴리오, 액션플랜 등

이 중 강의실에서 가장 많이 활용되는 기법을 소개하면 다음과 같습니다.

브레인스토밍(Brainstorming)

브레인스토밍은 창의적인 아이디어를 만들어내기 위해 자유로운 상태에서 새로운 아이디어를 만들어내는 기법입니다. 비판금지, 자유보장, 질보다 양, 의견 편승의 4원칙에 따라 새로운 아이디어를 끌어내는 방법입니다.

브레인라이팅(Brainwriting)

브레인라이팅은 브레인스토밍의 원리를 적용하되 아이디어 창출은 개별적으로 한 뒤 아이디어를 종이에 적고 돌려가면서 아이디어를 추가하는 기법입니다.

명목집단기법

명목집단기법(NGT: Nominal Group Technique)을 통해 자신의 생각을 포스트잇에 적은 후 모두가 볼 수 있는 큰 종이에 붙일 수 있도록 합니다. 모든 아이디어가 부착되고 나면 유사한 아이디어들을 모아 분류합니다.

다중투표(Multi-Voting) 기법

다양한 의견과 아이디어를 분류한 다음 여러 가지 항목 중에서 어느 한 가지를 선택하고 결정할 경우에 팀 구성원들이 투표를 통해서 결정할 수 있도록 하는 기법입니다. 주로 명목집단법을 활용한 뒤 수집된 아이디어를 상황에 따라 유사한 것끼리 모아 항목별로 분류하고 참가자들이 다중 투표를 하여 아이디어의 범위를 축소하는 데 도움을 줍니다. 분류된 아이디어 위에 작은 스티커를 붙여 투표하고 가장 많이 투표된 항목을 선별하여 문제 해결에 활용합니다.

SWOT(Strength, Weakness, Opportunity, Threat) 기법

이 기법은 조직의 상황 분석을 외부환경 분석과 내부환경 분석으로 구분하여 외부환경 분석을 통해서 기회(Opportunity) 요인과 위협(Threat) 요인을 파악하고, 내부환경 분석을 통해서 강점(Strength)과 약점(Weakness)을 찾아냅니다. 이들 요인 분석을 토대로 강점을 이용하고 기회를 활용하는 전략(SO), 강점을 이용하고 위협을 극복하는 전략(ST), 약점을 보완하고 기회를 활용하는 전략(WO), 약점을 보완하고 위협을 극복하는 전략(WT)을 수립합니다.

CHAPTER **9**

학생 참여식
수업방법 Ⅱ

▼

티칭 룰스

온라인 콘텐츠를 활용하라

4차 산업혁명 시대에는 모바일, 클라우딩, 빅데이터, 인공지능, 로봇기술, IoT(사물인터넷)를 중심으로 한 다양한 과학기술의 융합으로 개인뿐만 아니라 경제, 사회 전반에서 파괴적인 혁신이 전망되고 있습니다. 교육 분야 역시 ICT기술의 발전으로 기존 이러닝 산업에서 에듀테크 산업으로 급속히 전환되는 추세입니다. 에듀테크는 교육(education)과 기술(technology)의 합성어로 교육과 ICT기술이 융합하여 새로운 학습 경험을 제공하고, 이를 통해 새로운 패러다임의 교육을 창출하는 것을 의미합니다. 홍정민은 「에듀테크」를 통해 에듀테크가 가져올 변화의 방향을 교육의 대중화, 교육 효과성 증대, 교육과 일상생활의 결합, 이 세 가지로 요약하고 있습니다.[1]

이 장에서는 대학교육의 대중화에 결정적인 역할을 하고 있는 온라인 콘텐츠에 초점을 맞추어 대학에서 생산되고 있는 다양한 콘텐츠는 무엇인지 알아보고, 이를 활용한 대표적인 수업방법인 플립드 러닝에 대해 살펴보고자 합니다.

대학 온라인 콘텐츠의 이해와 활용

OCW

OCW(Open Course Ware)는 교육 콘텐츠를 누구나 활용할 수 있도록 공개한 서비스, 즉 '온라인 강의 공개 서비스'를 의미합니다. 2000년대 초, 국경과 계층을 넘어 누구나 고등교육의 기회를 가질 수 있도록 하기 위한 교육자원공개운동(OER, Open Educational Resources Movement)의 일환으로 시작되었으며, 대표적인 기관으로는 MIT, UNESCO, GLOBE 등이 있습니다. OCW가 국내에 도입된 것은 2007년으로 KOCW(고등교육 교수학습자료 공동활용 체제, Korea Open Courseware)가 구축되면서부터입니다.[2] KOCW는 국내 대학의 우수한 강의의 동영상뿐만 아니라 강의에 필요한 각종 관련 자료, 즉 강의계획서, 강의노트 등을 통합적으로 제공하고 있습니다.

OCW의 콘텐츠는 강의에서 다양한 방법으로 활용할 수 있습니다. 무엇보다도 교수가 강의를 개발할 때 중요한 참고자료가 될 수 있습니다. 뿐만 아니라 선수학습이 되지 않은 학생 또는 심화학습을 원하는 학생을 위한 보충학습 자료로 활용할 수도 있습니다. 또는 다음에 소개할 플립드 러닝을 할 때의 사전학습자료로도 활용할 수 있습니다.

MOOC

MOOC는 '온라인 공개 수업(Massive Open Online Course)'으로 '대규모 사용자를 대상으로 제공하는 온라인 공개 수업'을 말합니다. MOOC는 1세대 기업(유다시티, 코세라, 에덱스 등)의 성공으로 2012년부터 주목받기 시작했습니다. 이 기업들은 하버드, MIT, 스탠포드대학 등 미국의 유명 대학을 시작으로 전 세계 대학과 제휴를 맺고 있으며, 한국 대학도 일부 동참하고 있습니다. 한국은 고등 교육의 실질적인 기회 균등을 실현하고 평생학습체제를 확대한다는 비전 아래 온라인을 통해 누구나, 어디서나 원하는 강좌를 무료로 들을 수 있도록 K-MOOC를 통해 온라인 공개강좌 서비스를 제공하고 있습니다. 2015년 10개 대학, 7개 강좌로 시작하였으나 2018년 기준 87개 대학 500개 강좌가 개설되어 있으며, 누적 수강 신청자 수도 696,185명에 이릅니다.[3] MOOC는 나노디그리 등 학점인정과 연계되어 다양한 확장 가능성을 가지고 있습니다.

MOOC 콘텐츠 역시 OCW와 같이 강의에서 다양한 방법으로 활용할 수 있습니다. 학생의 사전 수업준비 및 심화 보충수업자료로 활용 가능하며, MOOC를 개발한 교수 중 온라인 콘텐츠 일부를 플립드 러닝에 활용하는 경우가 적지 않습니다. Horizon Report는 미래의 고등교육 동향을 전망하면서 대학교육은 단·장기적으로 온·오프라인 혼합의 플립드 러닝이나 블렌디드 러닝 수업이 증가할 것이라고 내다보았습니다.[4] 실제 전통적인 교수방법에 한계를 느낀 대학들을 중심으로 최근 플립드 러닝과 같은 온라인 콘텐츠를 활용한 학습 사례가 늘어나고 있습니다.[5] 다음으로는 플립드 러닝 교수방법에 대해 좀 더 자세히 살펴보도록 하겠습니다.

플립드 러닝

개념 및 특성

플립드 러닝(Flipped Learning)은 기존 방식을 '뒤집은(Flip)' 학습을 의미합니다. 강의방식과 강의장소를 뒤집어서 강의실에 오기 전 집에서 강의를 듣고, 집에서 과제로 하던 응용 연습이나 심화학습 등은 학교에서 하는 방식입니다. 미국 콜로라도 우드랜드 파크 고등학교 화학교사인 샘(Sam)과 버거만(Bergmann)에 의해 시작된 플립드 러닝은 이제 대학에서도 널리 활용되고 있는 교수방법입니다. 샘과 버거만은 학생들이 수업을 들을 때보다 혼자서 응용심화 문제를 풀 때 더 어려움을 느끼며 이 때 교사나 동료 학생들의 즉각적이고 밀착된 도움이 필요하다는 사실을 발견하고 플립드 러닝 수업 모형을 제안하였습니다.

플립드 러닝의 목표에 부합하는 효과적인 수업 설계를 위해서는 유연한 학습환경, 학습문화의 변화, 의도된 내용, 전문성을 갖춘 교사의 네 가지 요소를 고려해야 합니다.[6]

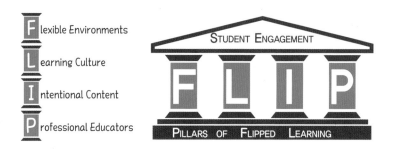

첫째, 유연한 학습환경(flexible environments). 교수가 탄력적이고 다양한 학습의 형태를 허용해야 하며, 학습시간이나 학습공간에 대해서도 유연한 환경을 인정해야 합니다. 즉, 교수는 기존 강의식 수업에 비해 매우 혼돈스럽고 시끄러운 교실 수업 환경에 대해서도 받아들일 수 있어야 합니다.

둘째, 학습문화의 변화(Shift in Learning Culture). 학생들은 교수학습 과정에서 학습내용을 받아들이는 존재에서 자신에게 의미 있고 개별화된 내용을 바탕으로 스스로 지식을 구성해나가는 학습의 주체로 변화해야 합니다.

셋째, 의도된 내용(Intentional Content). 플립드 러닝을 수행하는 교수는 그들이 수업시간에 어떤 내용을 가르칠 것인지, 학생들로 하여금 사전에 어떤 내용을 배워서 오게 할 것인지에 대해 의도된 분명한 계획이 있어야 합니다. 또한 학생들이 교실 수업을 통하여 학습 내용에 대한 체계적인 이해와 더불어 충분한 지식을 습득할 수 있도록 지속적으로 고민해야 합니다.

넷째, 전문성을 갖춘 교사(Professional Educators). 플립드 러닝에서 교수는 기존의 전통적인 수업에서의 단순한 지식 전달자에 비해 더욱 중요한 역할을 수행해야 합니다. 아울러 학생들의 학습 활동뿐만 아니라 스스로 가르치는 행위를 성찰하여 지속적으로 개선해나갈 수 있는 전문성이 필요합니다.

주요 단계

플립드 러닝은 시간의 흐름에 따라 수업 전, 중, 후의 활동으로 구분할 수 있습니다. 플립드 러닝 수업을 효과적으로 운영하기 위해서는 학습목표 및 내용 선정, 사전 학습, 강의실에서의 학습 활동, 수업 후 활동, 평가 활동 등 단계별로 교수자와 학습자가 해야 할 활동이 체계적으로 설계되어야 합니다.

	수업단계		교수	학생
	수업 전		• 수업 전략 수립 • 동영상 강의 제작 • 퀴즈 및 그룹 활동 문제 제작	• 강의 동영상 시청 • 이해도 점검 • 질문 준비
	수업 중	도입	• 사전학습 확인을 위한 퀴즈 제시 및 질의응답	• 퀴즈, 질의응답
		전개	• 그룹 활동 촉진	• 그룹 문제 해결 및 토론
		마무리	• 피드백 및 미니 강의	• 발표 및 피드백
	수업 후		• 다음 수업 안내 • 수업에 대한 학생 의견 수렴	• 수업 내용 정리 • 수업에 대한 의견 제시

수업 전 활동(Before-Class)

플립드 러닝을 수행할 교과목과 주제를 결정한 후에 그에 맞는 수업목표와 내용을 선정하고 사전학습에 대한 계획을 세워야 합니다. 사전활동을 위해서 교수는 온라인 콘텐츠를 제작하거나 기존의 콘텐츠를 이용하여 제공할 수 있고 전통적인 교재는 그에 맞게 재구성해야 합니다. 특히 사전에 학습한 내용을 강의실에서 어떻게 연계하여 심화시킬 것인지에 대해 구상이 필요합니다.

강의실에서의 학습활동(During-Class)

강의실에서의 학습활동으로는 사전학습 평가, 미니강의, 팀 활동, 관찰 및 피드백, 발표 및 평가 등이 활용될 수 있습니다.

- **사전학습 평가**: 강의 전 학습과 강의실에서의 활동 간의 분명한 연결을 제공하는 과정으로 학생들이 동영상 및 읽기자료를 학습하고 왔는지, 내용을 정확하게 이해했는지를 점검하는 활동입니다. 보통은 강의 전 학습내용의 이해도를 점검하기 위해 퀴즈를 실시합니다.

- **미니강의**: 요약강의, 핵심정리 등 다양한 형태로 불리는데 온라인으로 제공되는 동영상 강의내용을 정리해주거나 동영상에 포함되어 있지 않은 부가적 내용을 설명해 주는 활동입니다. 수업내용 중 핵심을 안내하기 위한 목적으로 활용됩니다. 미니강의는 주요 개념을 바탕으로 가능한 10분 이내로 짧게 진행합니다.

- **학생의 팀 활동**: 토의, 토론, 역할극, 프로젝트 학습, 탐구학습, 문제 해결, 동료 교수법, 사례연구, 실험, 게임, 시뮬레이션 등의 방법을 적용할 수 있습니다. 활동 목적에 따라 적절한 방법을 선택합니다.

- **관찰 및 피드백**: 개별 학생의 이해도 및 팀 과제 진도를 지속적으로 점검하고 개입이 필요한 개인 또는 팀에게 피드백을 제공하거나 질의응답을 수행합니다. 학습내용의 이해 수준이 낮은 학생이 보이면 컴퓨터나 모바일 기기를 이용하여 동영상 및 읽기자료를 재학습하게 하고, 팀 과제 진도 점검 시에는 학생들의 활동 참여도, 의사소통, 과제해결 과정 등을 평가합니다.

- **발표 및 평가**: 팀 과제 결과물을 발표하도록 합니다. 모든 학생이 고루 참여할 수 있도록 조별 발표자는 주차별로 다른 학생이 수행하도록 지도합니다. 팀별 발표는 수업 상황에 따라 일부 조만 선택하여 진행할 수도 있습니다. 팀별 활동 관찰 및 과제물 수준을 점검하여 지정하는 것이 효과적입니다. 전체 팀 발표 종료 후, 핵심 내용을 간략히 정리하고 세부 내용의 관계를 구조화하여 설명합니다.

수업 후 활동(After-Class)

강의 후에는 강의에서 했던 작업을 정리하고 학생들이 강의내용을 숙달하고 학습목표를 달성하도록 돕기 위하여 다음과 같은 활동을 수행합니다.

- **결과물 업로드**: 주차별로 팀이 수행한 모든 과제 결과물을 학습관리시스템에 탑재하도록 해서 공유합니다. 되도록 수업 당일 내에 학생들이 과제 결과물을 업로드하도록 수업 마지막 단계에서 미리 안내를 하는 것이 좋습니다.

- **학습활동 성찰**: 학생들이 강의실 안과 밖에서 강의 자체에 대해 성찰하도록 하는 것을 권장합니다. 성찰 활동은 성찰일지 양식을 배포하여 배운 점, 학습과정, 학습내용의 적용 가능성, 팀 활동 소감 등을 작성하도록 하는 것입니다. 단, 학습 활동 성찰에 너무 많은 시간을 할애하는 것은 피해야 합니다.

- **피드백 평가**: 과제 결과물을 모니터링하면서 학습자의 반응 및 상호작용 수준, 사전 학습, 과제 수행의 어려움을 확인합니다. 또한 심화학습이 필요할 경우 학생들에게 별도의 자료를 제공해 줄 수 있습니다.

최종 평가

플립드 러닝에서는 다양한 수업 방식으로 수업을 진행하는 만큼, 다양한 요소를 종합하여 평가해야 합니다. 그리고 학생의 전 학습 과정을 평가하는 데 중점을 둡니다. 평가 요소에는 퀴즈 평가, 결과물 평가, 팀 활동 평가, 발표, 학습내용 성취도 및 목표달성 여부 확인을 위한 중간 및 기말 고사 등이 포함될 수 있습니다.

지금까지 학생 참여식 수업방식에 대해서 알아보았습니다. 그러나 아무리 좋은 수업방법이라도 교수자, 학습자, 그리고 교과목의 특성에 맞게 운영되지 않는다면 오히려 강의식 수업보다도 못한 수업이 될 수 있습니다. 따라서 학생 참여 수업을 시도해보고자 한다면 그에 맞추어 학습목표, 교수방법, 강의 운영, 학생 평가 등을 다시 설계해야 합니다. 다음은 이를 위한 단계별 길잡이 질문을 정리한 가이드라인입니다. 새로운 교수법을 적용하기 전에 먼저 활용해보세요.

학습목표에 맞는 학생 참여 수업을 시도하세요.

모든 강의에서 학생 참여 수업이 필요한 것은 아닙니다. 강의의 학습목표, 강의 주제에 따라 적합한 교수방법을 적시에 활용하시면 됩니다. 이를 위한 길잡이 질문을 안내해드립니다.

학습 목표	1단계	학생 참여 수업이 필요한 교과목을 선택하세요.
▶ 블룸(Bloom)은 교육목표를 지식, 이해, 적용, 분석, 종합, 평가, 6단계로 제시하고 있습니다. 고차원적 교육목표를 추구하는 강의일수록 학생 참여 수업이 적합합니다.		학생 참여 수업에 적합한 교과목은 무엇일까?
		지식과 기술을 높은 수준으로 활용하고자 한다면 학습목표와 학습결과를 어떻게 재정의해야 할까?
교수 방법	2단계	강의 중 가장 중요한 부분을 찾아서 학생 참여 수업을 적용해 보세요.
▶ 문제중심학습, 액션러닝 등 다양한 교수방법이 있으니 그 중 학습목표에 맞는 방법을 선택하시면 됩니다.		학생들에게 중요하지만 어려운 내용은 무엇일까?
		학생들이 자기 분야에 필요한 기본 개념을 적용하고 일반적인 사고방식을 개발하려면 어떤 활동이 적절할까?
학습 책임 부여	3단계	학생들에게 왜 이러한 활동이 필요한지를 설득하세요.
▶ 학생들은 학생 참여 수업에 대해 부담을 느낄 수 있습니다. 이 방법이 왜 필요한지, 학습의 책임이 학생 본인에게 있음을 주지시키고, 설득하는 것이 학생 참여 수업의 성패를 좌우합니다.		새로운 교수방법을 적용할 때 학생들은 어떤 어려움을 느낄 것인가?
		새로운 교수방법은 어떤 점에서 학생들에게 매력적일 수 있을까?
강의 운영	4단계	학생들에게 무엇을 어떻게 진행할 것인지 정확히 알려주세요.
▶ 학생들은 익숙하지 않고 낯선 교수방법 속에서 자신이 무엇을 어떻게 해야 하는지 어려움을 느낄 수 있습니다. 집단 구성, 진행 방식과 절차, 시간 배분, 그리고 유의점 등에 대해 자세히 안내해주세요.		학생들이 수업 준비를 해오고, 강의 시간에 참여하게 하려면 어떤 준비와 활동이 필요할까?
		학생들이 강의 전에, 강의 중에, 강의 후에 해야 할 활동은 무엇인가? 학생 모두 자신만의 역할이 있는가?
학생 평가	5단계	학습목표, 교육내용 및 방법에 적합한 평가방법을 선택해주세요.
▶ 학생 참여 수업을 한 경우 결과뿐만 아니라 과정에 대한 평가도 중요합니다. 또한 교수의 평가뿐만 아니라 학생 자신, 그리고 동료 평가도 중요합니다.		학습목표, 학습내용, 학습방법을 고려했을 때 평가방식이 적절한가?
		학생이 지식 및 사고방식 개발을 위해 어떠한 평가와 피드백을 제공하는 것이 도움이 될 것인가?

CHAPTER 10

교수매체
활용법

티칭 룰스

강의를 보조할 수 있도록 설계해라

수업시간에 활용할 수 있는 교수매체라고 하면 어떤 것이 떠오르시나요? 칠판과 분필, 궤도, OHP, 오디오 등을 대신해 전자교탁, 전자칠판이 강의실에 도입되면서 수업의 풍경은 많이 달라졌습니다. 궤도, 오디오 자료는 대부분 컴퓨터를 활용한 시청각 매체로 대체되었고 칠판과 분필을 대신해서는 파워포인트를 많이 활용하고 계십니다. 강의실에서 사용하는 매체가 달라지면서 강의방법도 함께 달라졌습니다. 이 장에서는 우리가 원활한 수업을 위해서 사용하고 있는 교수매체란 무엇인지 알아보고, 현재 강의실에서 가장 많이 활용되고 있는 파워포인트 사용법을 정리하고자 합니다. 그리고 효과적인 수업을 도울 수 있는 앱 기반 매체인 소크라티브를 소개하고자 합니다.

교수매체란 무엇인가요?

매체(media)는 '무엇과 무엇의 사이(between)'를 의미하는 라틴어 'medium'의 복수개념인 'medius'라는 말에서 유래했습니다. 즉, 의사소통에 있어서 송신자(sender)와 수신자(receiver) 사이를 연결하는 매개체를 의미하며 이러한 매개체가 수업내용의 전달에 사용될 때 교수매체라고 합니다.

> ### 교수매체란?
> 교수자와 학습자, 그리고 학습자와 학습자 간에 교수목표를 효과적이고 효율적으로 달성하기 위해 필요한 의사소통을 도와주는 다양한 형태의 매개수단이다.

교수매체의 협의의 개념은 '학생의 이해를 돕기 위해 교수내용을 구체화하거나 보충하기 위한 보조적 수단'으로서 사용되는 기계나 자료 혹은 시청각적·언어적 정보전달에 이용되는 시청각 기자재를 의미합니다. 예를 들어, 모형, 사진

등의 자료, 슬라이드, 비디오, 컴퓨터, CAI 프로그램(Computer-Assisted Instruction; 컴퓨터 보조수업) 등이 해당됩니다. 이에 비해 광의의 개념은 '교수와 학생 간에 교수목표 달성을 위해 사용되는 모든 수단'을 의미하며, 인적자원, 학습내용, 학습 환경, 시설, 기자재 등을 포함하는 포괄적인 개념입니다. 이처럼 교수매체는 학습을 돕는 기자재와 같은 보조적 수단으로 한정할 수 있지만 보는 관점에 따라서는 그 개념을 매우 확장할 수 있다는 것을 알 수 있습니다. 그렇다면 수업에서 교수매체는 어떤 역할을 수행할까요?

교수매체의 역할은?

첫째, 매체는 구체적인 경험을 제공하는 데 중요한 역할을 합니다.

사실과 가까운 매체를 활용할 때 더 정확한 메시지를 전달할 수 있습니다. 호반(Hoban, 1937)은 시각 및 시청각자료를 사실성의 정도에 따라 구분하였는데 전체장면, 모형, 필름, 입체도, 슬라이드, 사진, 회화, 지도, 도표, 언어의 순으로 추상성이 높아지고 구체성은 떨어진다고 했습니다. 사실과 가까운 매체일수록 구체적이어서 보다 정확한 메시지를 전달할 수 있는 반면에, 전달 매체가 추상성을 갖는다면 메시지의 이해도가 떨어집니다. 따라서 추상적인 내용을 사실적이고 구체적으로 제시할 수 있는 매체가 학생의 이해를 도울 수 있습니다. 다시 말해, 교수매체를 잘 활용하면 사실과 가까운 학습 경험을 제공해 줄 수 있고 이를 통해 학습의 효과성과 효율성을 증진시킬 수 있습니다.

둘째, 교수매체의 활용은 학습자의 주의를 끌거나 동기를 유발하는 역할을 합니다.

다양한 매체를 활용함으로써 학습자의 오감을 자극하여 주의 획득을 용이하게 할 수 있고, 학습내용을 표현하는 최적의 시청각적 자료를 활용함으로써 학습내용에 대한 이해를 촉진할 수 있습니다. 인간은 기본적으로 시각 정보와 청각 정보를 동시에 처리할 수 있기 때문에 두 정보 유형을 적절히 활용하면 최적의 학습효과를 낼 수 있습니다.

셋째, 교수매체는 효율적인 의사소통을 위한 매개의 역할을 수행합니다.

의사소통은 송신자의 메시지를 수신자에게 보내는 과정입니다. 매체는 시각, 청각, 미각, 촉각 등의 다양한 감각기관을 통해 메시지를 전달하게 되고, 어떤 상징체계를 사용하느냐에 따라 정보의 의미와 정확도가 달라지기도 합니다. 이때 송신자의 메시지는 채널을 통하여 전달되는데, 이 채널의 역할을 담당하는 것이 바로 매체인 것입니다.

교수매체: 파워포인트 활용법

교수매체는 수업에 있어서 매우 중요한 역할을 수행할 수 있습니다. 예전에는 대부분의 교수가 칠판과 분필을 이용했다면 이젠 대부분 컴퓨터와 빔이 있는 강의실에서 파워포인트를 활용하고 있습니다. 따라서 파워포인트라는 교수매체를 좀 더 효과적으로 사용한다면 학습자들에게 구체적인 경험을 제공하고, 주의를 끌고 동기를 유발할 수 있으며, 효율적인 의사소통이 가능할 것입니다. 지금부터 저자의 경험을 바탕으로 수업자료를 효과적으로 만들기 위해 필요한 파워포인트 사용법 열 가지를 제시하겠습니다. 지면관계상 그림을 제공한 자세한 안내는 생략하고 간단히 소개하도록 하겠습니다.

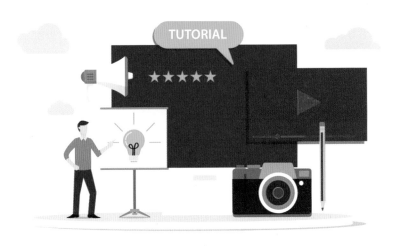

1 작업한대로 열리도록 하자: 글꼴 저장하기 / 글꼴 다운 받기

? 모르겠어요~ 어쩌죠?

"강의 현장에서 다음과 같이 제가 작업한 글씨체와 다르게 PPT가 열리는 경우가 있어요. 그럼 정말 난처해요. 제가 사용한 글꼴이 문제없이 어디에서나 열릴 수 있도록 하는 방법은 없나요."

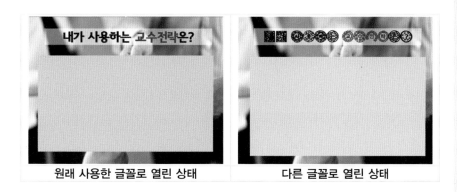

원래 사용한 글꼴로 열린 상태   다른 글꼴로 열린 상태

해결하기

① 내가 사용한 글꼴 문서에 저장하기

내가 사용하는 컴퓨터 환경과 강의실에 있는 컴퓨터 환경은 다릅니다. 즉, 내가 사용한 글꼴이 설치되어 있지 않은 컴퓨터도 많습니다. 특히 최신 글꼴이라면 확률은 더 높아집니다. 사용한 글꼴이 제대로 보이려면 컴퓨터에 그 글꼴이 설치되어 있어야 합니다. 그러므로 작업에 사용한 글꼴은 문서에 저장하는 것이 필수입니다.

> ① 파일 → ② 옵션 → ③ 저장 → ④ 파일의 글꼴 포함 → ⑤ 확인

② 글꼴 검색해서 다운받기

사용한 글꼴을 문서에 저장하는 것을 깜빡했다면 현장에서 필요한 글꼴을 다운받아서 컴퓨터에 깔면 됩니다.

> ① 네이버 검색창에서 '무료나눔글꼴' 입력 → ② 폰트정보 더보기 → ③ 원하는 글꼴 검색 → ④ 다운로드 받기

2　한글에서처럼 세련되게 편집하자: 줄 간격 조절하기 / 글머리 기호 넣기

ⓐ 모르겠어요~ 어쩌죠?

"파워포인트 내 텍스트 편집도 한글처럼 감각 있고 세련되게 만들고 싶어요. 파워포인트에서 한글처럼 텍스트를 자유롭게 편집할 수 없나요?"

해결하기

한글에서 제공하는 기능이 아래와 같이 파워포인트에도 다 있습니다. 대부분은 한글 기능과 비슷해서 간단하게 따라하실 수 있습니다.

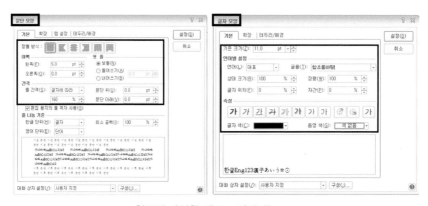

한글의 다양한 텍스트 편집기능

파워포인트의 다양한 텍스트 편집기능

① 텍스트 줄 간격

텍스트 줄 간격 조절은 한글처럼 자유롭게 사용하지 못하는 경우가 많지만 이 기능에 익숙해지면 슬라이드 구성에서 텍스트 편집이 전체적으로 비율이 맞고 조화로워져서 세련된 편집이 가능합니다.

> ① 편집하고자 하는 텍스트 선택 → ② 홈 〉단락 〉줄간격 옵션 선택하기 → ③ "단락"창이 열린 상태 → ④ 줄 간격 정하기 → ⑤ 확인

② 글머리 기호 넣기

글머리 기호는 한글보다 더 많은 기능이 있고 모양, 크기, 색깔 등을 자유롭게 조절 가능합니다.

> ① 편집하고자 하는 텍스트 선택 → ② 홈 〉단락 〉글머리 기호 옵션 → ③ 원하는 글머리 기호 선택 → ④ 글머리 기호 및 번호 매기기

③ 글머리 기호와 글자와의 거리 조절

> ① 홈 → ② 단락 → ③ 줄 간격 옵션 → ④ 들여쓰기 → ⑤ 첫줄 들여쓰기 조절

3 적용한 스타일 그대로 가져오자: 서식복사 기능

❓ 모르겠어요~ 어쩌죠?

"제가 글씨와 도형에 다양한 기능을 넣었어요. 다른 글씨와 도형에도 똑같은 기능을 넣고 싶은데, 어떤 기능을 넣었는지 기억나지 않아 똑같은 기능을 넣을 수가 없어요. 똑같은 기능을 넣을 수 있는 방법이 없나요?"

🔅 해결하기

도형 혹은 텍스트에 적용된 서식을 다른 도형 혹은 텍스트에 그대로 적용할 수 있습니다.

① 서식을 복사할 도형(텍스트) 선택 → ② 서식복사 아이콘 클릭 → ③ 서식을 적용할 도형(텍스트)을 선택하여 클릭

 **색상 바꾸기**

색을 바꾸고자 하는 개체를 선택하고, 바꾸고 싶은 색을 스포이트로 선택하면 개체의 색상이 바뀝니다. 미세한 색의 변화를 스포이트를 이동하면서 확인해 보세요.

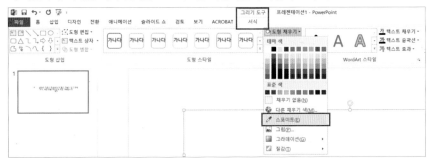

> ① 색을 바꾸고자 하는 개체선택 → ② 그리기도구 → ③ 도형채우기 → ④ 스포이트 선택 → ⑤ 원하는 색을 선택

4 여러 개체가 하나의 개체로 움직이게 하자: 개체 그룹 설정 · 해제하기

② 모르겠어요~ 어쩌죠?

"개체가 여러 개인데 하나의 개체처럼 편집하고 싶어요. 예를 들어, 여러 개의 개체를 한 번에 옮기기도 하고 크기를 한번에 줄이고도 싶어요. 하나의 개체인 것처럼 움직이게 하고 싶은데 그것도 가능한가요?"

☀️ 해결하기

여러 개의 개체를 선택해서 그룹을 묶어 주시면 됩니다. 그리고 필요할 때 다시 그룹을 해제하시면 됩니다.

> ① 그룹을 설정하고자 하는 개체를 모두 선택 → ② 마우스 오른쪽 버튼 클릭 → ③ 그룹 선택 혹은 그룹해제

그룹을 묶지 않고 개체의 사이즈를 줄이면 각각의 개체가 기준점이 되므로 왼쪽처럼 되지만 그룹을 묶은 상태에서 개체 사이즈를 줄이면 하나의 개체로 인식하기 때문에 기준점이 하나이므로 오른쪽 그림처럼 형태가 유지됩니다.

그룹이 해제된 상태에서 줄이기   그룹이 묶인 상태에서 줄이기

5   오차 없이 줄 맞춰서 배열하자: 개체 정렬하기

⑦ 모르겠어요~ 어쩌죠?

"개체(글자, 도형 등)를 눈대중으로 맞췄더니 정렬이 맞지 않아요. 도형 혹은 단락을 일렬로 맞추거나 간격을 일정하게 편집하고 싶어요. 그리고 한 개체를 기점으로 정렬을 하고 싶어요. 방법이 없을까요?"

💡 해결하기

① 드래그하여 개체 선택 → ② 홈 〉 정렬 아이콘 클릭 → ③ 맞춤 선택 → ④ 원하는 기능 선택

| 왼쪽 맞춤(L) |
| 가운데 맞춤(C) |
| 오른쪽 | 개체 가운데 맞춤 |
| 위쪽 맞춤(T) |
| 중간 맞춤(M) |
| 아래쪽 맞춤(B) |
| 가로 간격을 동일하게(H) |
| 세로 간격을 동일하게(V) |
| ✓ 슬라이드에 맞춤(A) |
| 선택한 개체 맞춤(O) |

맞춤에서 있어서 기준점이 있습니다.

• 위쪽 맞춤은 가장 위쪽에 위치하고 있는 개체를 기준으로 정렬
• 중간 맞춤은 가장 위쪽에 있는 개체와 가장 아래쪽에 있는 개체를 기준으로 중간에 정렬
• 아래쪽 맞춤은 가장 아래쪽에 위치하는 개체를 기준으로 정렬
• 가로 간격 동일하게는 처음에 있는 개체와 가장 끝에 있는 개체를 기준으로 가로 간격을 동일하게 정렬

💡 TIPS! **미세한 위치 조정**

도형을 선택하고 Ctrl 키를 누른 상태에서 키보드의 방향키를 누르며 아주 조금씩 이동하므로 미세조정이 가능합니다.

---

6   도형 활용하기: 도형 그림(사진) 삽입하기 / 도형모양 변경하기

❓ 모르겠어요~ 어쩌죠?

"맛있는 음식을 상상하는 모습을 말풍선에 넣어서 만들고 싶은데 가능한가요? 그리고 각진 네모 도형을 다른 모양의 도형으로 변경하고 싶은데 가능한가요?"

해결하기

원하는 도형에 개체를 얼마든지 삽입 가능합니다. 도형 안에 들어간 그림(사진)은 이제 도형처럼 편집이 가능합니다. 도형의 크기를 마음대로 조절하고, 도형 모양도 원하는 모양으로 변경가능하고 다양한 도형서식 적용도 가능합니다.

① 도형에 그림(사진) 삽입하기

도형에 색만 넣는 것이 아니라 그림(사진)도 넣을 수 있습니다.

> ① 도형그리기 → ② 도형 윤곽선(없애기: 없애기 효과 외에도 다양한 윤곽선 효과를 줄 수 있음) → ③ 도형을 선택한 상태에서 마우스 오른쪽 버튼 클릭 → ④ 도형서식 → ⑤ 그림 또는 질감 채우기 → ⑥ 파일 → ⑦ 원하는 그림을 선택하여 삽입

② 도형 모양 변경하기

도형에 그림을 넣고 작업이 끝났어도 도형을 다양하게 변경할 수 있습니다.

> ① 사진(도형)선택 → ② 그리기도구 → ③ 도형편집 → ④ 도형모양변경 → ⑤ 원하는 도형선택

7 겹쳐서 안보일 때 선택한 개체만 보면서 작업하자: 개체 선택 기능

❓ 모르겠어요~ 어쩌죠?

"한 슬라이드에 많은 개체들이 있어서 작업하기가 어려워요. 드래그해서 선택하는데 원하지 않는 개체까지 선택되니까 불편해요. 그리고 애니메이션 기능을 넣었기 때문에 그림이 겹쳐 있어요. 그런데 그림을 교체하려고 하는데 겹쳐 있으니 뒤쪽에 어떤 그림이 어디에 있는지 확인해서 선택하는 것이 어려워요. 하나하나 확인하고 제자리로 돌려놓는 작업은 완전 막노 동이예요. 제가 작업하는데 필요한 개체만 보이게 하고 작업에 필요 없는 개체는 안 보이게 하는 그런 방법은 없나요?"

하트 뒤에 숨어 있는 텍스트 개체를 확인해서 문구를 수정하려면?

해결하기

하트 개체 하나하나를 모두 옮긴 다음에 문구를 수정하고 다시 제자리로 가져다 놓는 것은
완전 시간 낭비입니다. 많은 개체에서 작업에 필요한 개체만 보이게 한 다음 원하는 작업을
할 수 있습니다.

> ① 홈 〉 편집 〉 선택 → ② 선택창 클릭 → ③ 선택창에서 원하는 개체를 선택

선택창에서 눈 모양으로 보이는 것을 클릭하면 눈을 감습니다. 눈을 감은 개체는 작업창에
서 보이지 않습니다. 작업할 때 필요한 개체만 눈을 뜨게 하고 나머지는 눈을 감기고 작업
하시면 됩니다. 그리고 작업이 완료된 후에는 '모두표시'를 꼭 클릭하여 모든 개체가 눈을
뜨게 하셔야 합니다.

8 나타나고 사라지고 멋진 효과를 주자: 애니메이션 적용하기

? 모르겠어요~ 어쩌죠?

"이전에 있는 그림 혹은 글이 사라지면서 새로운 그림이나 글이 나타나게 하고 싶어요. 멋
지게 나타나고 사라지는 기능을 넣고 싶은데 가능한가요?"

해결하기

애니메이션에는 나타내기, 강조, 끝내기가 있습니다. 초록색으로 보이는 것은 나타내기, 노
란색은 강조, 빨간색은 끝내기를 위한 옵션입니다. 같은 개체에 세 가지 기능을 모두 적용할
수 있습니다. 즉, 나타나고 강조하고 사라지게 할 수 있습니다.

① 개체 선택 → ② 애니메이션 선택 → ③ 나타내기에서 닦아내기에서 원하는 효과 선택 → ④ 애니메이션 추가 클릭 → ⑤ 강조에서 원하는 효과 선택 → ⑥ 애니메이션 추가 클릭 → ⑦ 끝내기에서 원하는 효과 선택

애니메이션을 적용할 때 효과옵션으로 방향을 설정할 수 있습니다. 또한 애니메이션 창을 클릭하면 애니메이션을 편집할 수 있도록 오른쪽에 창이 생깁니다. 애니메이션 창에서 개체를 선택하고 오른쪽 마우스를 클릭하면 '클릭할 때 시작', '이전효과 다음에', '이전효과와 함께', '효과옵션(방향, 소리추가 등)', '타이밍(재생시간, 지연, 시작, 반복 등)', '애니메이션 순서 바꾸기', '타이밍' 등의 다양한 기능을 활용해서 애니메이션을 연출할 수 있습니다.

TIPS! **애니메이션은 선택, 전환기법은 필수**

애니메이션이 개체에 적용하는 기법이라면 전환기법은 슬라이드에 적용하는 기법입니다.

① 개체선택 → ② 그림도구 → ③ 배경제거 → ④ 보관할 영역 혹은 제거할 영역 표시 → ⑤ 변경내용유지

9 클릭 한번에 원하는 곳으로 이동하자: 하이퍼링크 걸기

❓ 모르겠어요~ 어쩌죠?

"그림(사진)이나 글씨를 클릭하면 원하는 사이트가 열리거나 혹은 설명을 하다가 원하는 슬라이드로 이동했다가 설명이 끝나면 다시 원래 슬라이드로 이동하고 싶어요. 가능한가요?"

해결하기

이동하고 싶은 곳에 하이퍼링크를 걸면 됩니다. 원하는 인터넷 사이트로~! 원하는 슬라이드로~! 이동할 수 있습니다.

① 원하는 홈페이지로 이동

① 링크를 걸 개체선택 → ② 삽입 → ③ 하이퍼링크 → ④ 기존파일/웹페이지 선택 → ⑤ '주소' 칸에 이동하길 원하는 홈페이지 주소를 입력 → ⑥ 확인 클릭

② 원하는 슬라이드로 이동

① 링크를 걸 개체선택 → ② 삽입 → ③ 하이퍼링크 → ④ 현재문서 → ⑤ 이동하길 원하는 슬라이드 선택(슬라이드는 미리보기로 확인 가능) → ⑥ 확인

TIPS! **단축키를 활용한 슬라이드 이동**

이동하길 원하는 슬라이드 번호를 치고 Enter를 누르면 그 번호의 슬라이드로 이동합니다.

10 알고 있으면 강력한 도구! 단축키

① F5 와 Shift + F5 의 차이점

F5는 슬라이드 쇼를 처음부터 시작하는 것이고 Shift + F5는 처음부터가 아니라 커서가 놓여있는 슬라이드에서 쇼가 실행되는 것입니다.

② Enter 와 Shift + Enter 의 차이

Enter로 줄을 바꾸면 단락을 구분하는 것이고 Shift + Enter로 줄을 바꾸면 단락을 구분되는 것이 아니고 단지 줄만 바뀌는 것입니다.

③ 복사기능

① 일반적인 복사: Copy(Ctrl+C) → Paste(Ctrl+V)
② 위치복사: Copy(Ctrl+D)
　　　　　　　첫 번째 복사: Ctrl+D한 후 복사된 도형을 원하는 위치에 옮김
　　　　　　　두 번째 복사: Ctrl+D하면 똑같은 위치에 복사됨
③ 빠른 복사: 복사하고자 하는 개체를 선택 후 → Ctrl을 누른 상태에서 드래그

④ 화면 전체를 블랙(화이트)으로 만들기

쇼 실행 상태에서 B(W)를 누르면 됩니다. 단, 자판이 영문으로 설정되어 있어야 합니다.

⑤ 기타

새 슬라이드 삽입	Ctrl + M
실행취소	Ctrl + Z
눈금표시/숨기기	Shift + F9
안내선표시/숨기기	Alt + F9
윈도우 상태바 표시	Ctrl + T

TIPS! **파워포인트 제작 시 고려할 점**

• 색조는 가능한 통일 시켜라.

• 프레젠테이션 전체에 사용되는 글꼴은 서너 가지만 사용해라.

• 사용되는 글꼴이나 글꼴 크기 등에 통일성을 가져라.

• 지나친 애니메이션 효과는 피해라.

• 슬라이드의 아래 부분까지 가득 차게 텍스트를 작성하지 않도록 해라.

• "KISS & KILL"를 적용해라.
　– Keep It Simple & Short와 Keep It Large & Legible의 약자
　– Keep It Simple & Short: PPT는 단순하고 짧아야 합니다.
　– Keep It Large & Legible: 크고 잘 보여야 합니다.

• 글씨체와 글씨 크기를 고려해라.
　– 견고딕, 맑은 고딕, Verdana, Tahoma와 같은 고딕체를 사용하는 것이 효과적입니다.
　　고딕체는 명조체보다 5배 높은 가독성을 가집니다.
　– 읽을 수 있는 글씨 크기는 20 이상이 적당합니다.

• 도형, 이미지를 효과적으로 활용해라.
　– 도형과 이미지를 적절히 활용하면 짧은 텍스트로도 내용을 명확하게 전달할 수 있습니다.

• 사운드를 효과적으로 활용해라.

다음은 제작 시 고려점을 적용하여 수정한 사례입니다. 색조 및 적절한 글꼴 사용과 글꼴 크기에 통일성이 있으며, "KISS & KILL" 할 뿐만 아니라 도형과 이미지를 매우 효과적으로 사용한 사례입니다.

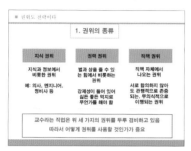

수정 전

수정 후

교수매체: 소크라티브 활용법

최근 '안녕하세요', '복면가왕' 등과 같은 청중과 소통하는 TV프로그램이 인기를 끌고 있습니다. 이런 프로그램이 인기를 끄는 이유는 무엇일까요? 아마도 청중으로 하여금 단순히 보고 듣기만 하는 것이 아니라 선택을 하고 직접 '클리커(Clicker)'를 통해 참여할 수 있는 기회를 제공했기 때문은 아닐까요?

지금부터는 강의실에서 클리커와 같은 역할을 수행해서 교수와 학생의 소통을 돕는 소크라티브를 소개하고자 합니다. 소크라티브는 스마트폰 혹은 PC기반 애플리케이션입니다. 소크라티브는 교수가 학생의 반응을 유도하거나 학습정도를 체크하기 위한 퀴즈를 내는 용도로 주로 활용됩니다. 동시에 50명까지 접속 가능하고 무료입니다.

1 가입 및 로그인

https://www.socrative.com/ 접속 → [GET ACCOUNT] 클릭 → Free 하단의 [SIGN UP]을
클릭하여 회원가입을 진행합니다. 학생들은 회원가입을 하지 않아도 교수자의 방으로 바로
접속이 가능합니다.

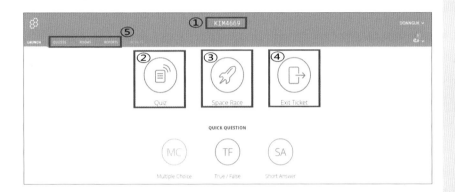

2 대시보드 화면

① 방 이름(Room Name)이며, 학생들은 이 코드를 입력하여 교수가 만든 교실에 들어올 수
   있습니다.
② 퀴즈 시작하기로, 이미 만들었거나, 가져온 퀴즈를 시작할 수 있습니다.
③ 게임과 같은 퀴즈
④ 강의의 마무리 조사로, 학생이 강의를 얼마나 잘 이해했는지 파악하기 위한 세 가지 짧
   은 질문으로 평가하고 종료할 수 있습니다.
⑤ 퀴즈관리, 퀴즈 만들기, 가져오기, 편집 등을 할 수 있습니다.
⑥ QUICK QUESTION: 교사는 강의 중에 질문을 던지고, 소크라티브를 이용하여 학생들에
   게 답변을 들을 수 있습니다.

3 퀴즈 만들기

퀴즈관리 화면에서 [ADD QUIZ] 버튼 클릭 → [Create New]를 클릭하면 퀴즈생성 화면에 들어갈 수 있습니다.

퀴즈의 이름을 입력하고, 다중선택(MULTIPLE CHOICE), T/F(TRUE/FALSE), 단답형(SHORT ANSWER) 퀴즈 중 원하는 유형을 선택하여 문항을 만드시면 됩니다. 모든 문항을 만들고 나서 가장 위로 올라와 주황색 [SAVE & EXIT]를 클릭하면 퀴즈 생성이 완료됩니다.

4 퀴즈 진행하기

퀴즈를 시작하기 위해서 대시보드 창에서 ② [Quiz] 버튼을 클릭합니다.

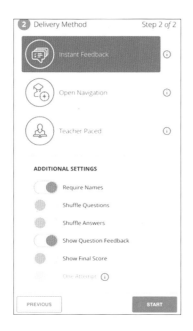

Instant Feedback

학생은 답안을 선택하면 바로 정답 여부를 알 수 있습니다. 교사는 Live Result Table을 통해 즉각적으로 결과를 알 수 있습니다.

Open Navigation

학생은 문항들 사이를 자유롭게 오가며 문제를 풀고, 전체 정답을 한번에 제출합니다. 교사는 Live Result Table을 통해 결과를 모니터링 할 수 있습니다.

Teacher Paced

교사가 문항간 흐름을 실시간으로 제어합니다. 상단의 퀴즈 타입을 선택하고, 세부적인 설정을 원한다면 부가설정을 한 뒤 [START] 버튼을 클릭한다.

교수는 아래 그림과 같이 학생이 문제를 풀고 있는 현황을 실시간으로 확인할 수 있습니다. 퀴즈가 종료되면 Finish 버튼을 클릭합니다.

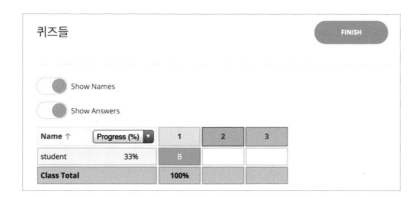

5 퀴즈 결과 확인하기

퀴즈 관리 탭에서 [REPORTS] 버튼을 클릭하면 리포트를 확인할 수 있습니다. 아래와 같은 옵션창이 뜨며, Get Reports를 선택하여 세부 옵션을 설정해준 뒤 리포트를 이메일로 송신하거나 PC에 다운로드 받을 수 있습니다.

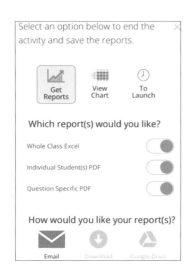

Whole Class Excel 옵션

전체 클래스의 퀴즈 결과가 엑셀파일로 제시됩니다.

Individual Students PDF 옵션

마치 채점된 개별 시험지와 같은 형태의 리포트가 나타납니다. 개별 학생들에게 인쇄하여 나눠주기에 적합한 형태입니다.

Question Specific PDF 옵션

각 문항별 통계가 나타나는 형태의 리포트이다. 교사가 각 문항을 평가하기에 좋은 형태입니다.

지금까지 강의 시 효과적으로 활용할 수 있는 파워포인트와 소크라티브 활용법을 살펴보았습니다. 파워포인트는 시각적·청각적 요소를 충분히 활용할 수 있는 좋은 매체이며, 또한 소크라티브는 학생 참여로 양방향 소통 강의진행이 가능하도록 도와주는 매체입니다. 하지만 이러한 매체의 효과를 극대화하는 가장 중요한 매체는 교수 자신입니다. 파워포인트가 아무리 좋더라도 파워포인트에 의존에서 텍스트를 읽기만 한다면 효과는 떨어집니다. 이처럼 강의에 있어서 가장 중요한 매체는 가르치는 교수 본인이라는 것을 잊지 마시고 다양한 매체를 적절하게 활용한다면 좀 더 효과적인 수업이 가능할 것입니다.

CHAPTER 11

학생과의
의사소통

티칭 룰스

학생들과 통(通)하라

의사소통(意思疏通)은 사전적으로는 '가지고 있는 생각이나 뜻이 서로 통하는 것'을 말합니다. 의사소통의 구성요소를 활용하여 다시 정의하자면, 화자와 청자가 특정 맥락 속에서 특정 채널을 통해 서로의 생각이나 뜻이 담긴 메시지를 전달하고 이해하는 과정이라 할 수 있습니다. 교수는 학생과 대화를 통해 의사소통을 합니다. 하지만 대화기법이 상당히 발전했음에도 불구하고 교수는 여전히 학생과 대화를 통해 의사소통하는 일에 어려움을 느끼고 있습니다. 왜 어려운 걸까요?

의사소통을 방해하는 대화 습관

볼튼은 「어떻게 말할까」에서 대화를 방해하는 요소를 크게 판단하기, 해결책 제시하기, 회피하기 세 가지 유형으로 구분하고 열두 가지 행동을 제시했습니다.[1] 이 중 아래 그림에서 제시한 아홉 가지 정도가 학생과 교수의 의사소통을 방해하는 요소라고 볼 수 있습니다.

판단하기	해결책 제시하기	회피하기
비판하기 인신공격 진단하기	명령하기 위협하기 훈계하기	화제 돌리기 논리적 언쟁 위안하기

이 아홉 가지 행동은 모든 의사소통을 가로막는 필연적인 해악이라기보다는 자칫 잘못 사용하면 대화를 중단시킬 가능성이 높고, 상대방의 문제를 해결할 기회를 차단하는 동시에 감정적으로 멀어지게 할 수 있는 대화습관입니다.

판단하기

심리학자 칼 로저스는 "타인과의 의사소통에서 가장 큰 장벽은 바로 우리 안에 있는 판단하려는 성향이다."라고 했습니다. 즉, 대화를 나눌 때 누구나 상대방을 판단하는 경향이 있습니다. 특히 교수는 학생들을 판단하지 않으면 행동이 나아지지 않을 거라고 생각하고, 그들이 제대로 배울 수 없다고 생각하는 경향이 있는 것 같습니다. 이렇게 판단하는 과정에서 비판하고 진단하고 혹은 인신공격하는 실수를 범하게 됩니다.

"복습만 했어도 이 정도는 풀 수 있지 않나요?"
"이 문제도 이해하지 못한다는 것은 평소 공부를 하지 않거나 머리가 나쁘다는 거네요."
"과제 수준이 너무 낮다고 생각이 드는데 그렇지 않나요?"
"학생은 지금 방어의식이 있어요. 아니면 다른 어떤 무의식적인 동기나 콤플렉스 때문에 그런 행동을 하는 거 같아요."

해결책 제시하기

또 다른 방해요소는 상대방에게 해결책을 제시하는 것입니다. 그 해결책은 애정이 담긴 충고일 수도 있고, 질문을 이용한 간접적인 제시일 수도 있고, 권위를 내세운 명령일 수도 있고, 공격적인 위협일 수도 있고, 도덕성을 앞세운 훈계일 수도 있습니다. 하지만 강압적인 명령, 시킨 대로 하지 않을 경우 모종의 처벌이 있을 것임을 암시하는 위협, 그럴듯한 훈계 등을 통한 해결책 제시는 문제를 해결하기는커녕 사태를 악화시키거나 새로운 문제를 만들 수도 있습니다.

"결석하지 마세요. 한번만 더 결석하면 성적받기 어려워요."

"이번에는 그냥 넘어가는데 다음에도 이렇게 행동하면 학생 학점은 F일 겁니다."

"저는 이런 방법으로 처리하는 게 가장 좋은 방법 같은데 학생이 알아서 하세요."

상대방의 관심사 회피하기

상대방의 관심사 회피하기는 대화를 옆길로 벗어나게 만드는 것으로 화제돌리기, 논리적 언쟁, 위안하기 등이 있습니다. 대화의 화제를 바꾸는 이유는 상대방의 말에 귀를 기울여야 한다는 사실을 모르거나 대화의 내용에 마음이 불편해져서 화제를 바꾸는 것입니다. 또한 논리는 대화에 있어서 매우 중요하기 때문에 논리적 언쟁이 왜 대화의 방해요소가 되지? 하고 생각할 수도 있지만 학생이 스트레스를 받고 있거나 갈등을 겪고 있을 때 논리적인 해결책을 제시하는 행위는 화를 돋울 가능성이 높습니다. 학생이 말하고자 하는 본질에 귀를 기울이고 학생의 감정을 고려한다면 회피하기 실수를 줄일 수 있을 것입니다.

"기운 내. 모든 게 잘 될거야. 항상 그랬잖아."

"무슨 일인지 모르겠지만 분명히 네 하루를 온통 망칠 만한 일은 아닐거야."

"네가 좋아하는 일을 좀 해보지 그러니?"

의사소통을 어렵게 하는 대화습관이 항상 문제가 되는 것은 아닙니다. 다만, 학생들과 충분히 신뢰할 수 있는 관계가 형성되지 않은 상태에서 좋은 의도를 가지고 있다 하더라도 이러한 대화방식이 학생들의 마음과 입을 닫게 할 수도 있다는 점입니다. 학생의 말하는 의도와 실제, 그리고 감정을 충분히 이해하는 데 한계가 있을 수밖에 없음을 인식하고 이전의 경험을 투영하여 지나치게 섣부르게, 때론 단호하게 학생들을 판단하고, 해결책을 제시하지 않도록 경계할 필요가 있습니다. 강압적인 태도로 해결책을 제시하는 명령하기는 학생들에게 저항감과 분노를 일으킬 수 있습니다. 심한 경우는 명령을 거부하고 맞설 수도 있습니다.

배움의 장에서 교수가 주체가 되어 문제를 판단하고 해결책을 제시하려고 하지 말고, 학생이 주체가 되어 스스로 판단하고 해결책을 찾을 수 있도록 교수는 조력자로서 한 발 물러날 수 있는 의사소통이 바람직합니다. 학생들에게 해결책을 제시해주고 싶을 때 드트로이트 메릴-팔머 연구소의 심리학자 클라크 무스타카스의 말을 되새겨보면 어떨까요?

> "궁극적으로, 나는 다른 사람을 책임질 수 없다. 단지 그의 삶에 참여할 수 있을 뿐이다. 그 참여의 정도에 관계없이 결국 그는 자신의 의미, 자신의 잠재력, 자신의 본성, 자신의 존재를 스스로 찾아낼 것이다."

대화에서 듣기의 중요성

사람들은 깨어 있는 시간의 70%를 의사소통에 사용하고 그 중 쓰기 9%, 읽기 16%, 말하기 30%, 듣기가 45%를 차지한다고 합니다. 듣기가 차지하는 비중이 매우 높습니다. 하지만 대화에 있어서 듣기의 중요성이나 듣기 능력을 키우기 위한 기회는 많지 않았고, 따라서 잘 듣는 훈련이 부족하여 듣기 능력이 서툰 경우가 많습니다. 지금부터는 잘 듣기 위한 방법에 대해 알아보도록 하겠습니다.

우선 '들리는 것'과 '듣는 것'의 차이점을 구분할 필요가 있습니다. 들리는 것은 "귀가 소리를 받아서 뇌에 전달하는 생리학적 지각 과정"이라면, 듣는 것은 "생각한 내용을 해석하고 그것의 중요성을 이해하는 과정"입니다. 이는 교수가 학생들의 말이 들리더라도 실제로는 듣지 않을 수 있다는 것을 의미합니다. 잘 듣기는 교수-학습과정에서 핵심적인 요소입니다. 교수는 학생의 말의 내용을 경청하고 민감하게 반응할 필요가 있습니다. 볼튼은 듣기기법을 주목기법, 동행기법, 반사기법으로 구분했습니다.

주목기법	동행기법	반사기법
집중하는 태도 적절한 몸짓 눈 맞추기 차분한 주위환경	말문 열기 최소한의 격려 개방형 질문 주의 깊은 침묵	바꿔 말하기 감정 반사하기 의미 반사하기 요약적 반사

주목 기법

주목 기법은 상대방의 말에 집중하고 있음을 표현하는 기법으로 '온몸으로 듣기'라 할 수 있습니다. 강의실에서 학생들이 질문을 할 때, 연구실로 학생들이 찾아와 상담을 요청할 때, 교수님은 어떤 모습이셨나요? 혹시 학생들의 이야기를 들으며, 출석부를 확인하고 정리하고, 상담내용을 입력한다고 컴퓨터와 학생들 사이에 시선을 오가지는 않으셨나요? 이것은 말로는 학생들의 이야기를 듣겠다고 하면서 시각적 메시지로는 '나는 바쁘다', '상담도 업무의 일환일 뿐이다'라는 메시지를 전달하고 있는 것입니다. 주목기법을 실천하기 위해서는 우선 비언어적 대화, 집중하는 태도, 적절한 몸짓, 눈 맞추기, 차분한 주위환경을 조성하는 것이 필요합니다. 몸을 약간 앞으로 기울이고 편안하면서도 진지한 태도로 학생의 이야기를 들어 줄 여유가 있음을 보여주고, 학생의 말에 대한 응답은 적절한 몸짓으로, 학생의 메시지를 진지하게 잘 받아들이고 있음은 눈 맞추기로 보여줄 수 있습니다. 상대방의 눈을 쳐다보는 것을 곤혹스럽게 느끼는 사람도 있지만 여기저기로 산만하게 시선을 던지는 사람과 계속 대화를 하고 싶어하는 사람은 거의 없습니다.

동행 기법

동행 기법은 상대방의 입장을 파악하고 그 입장에서 대화를 하는 것입니다. 즉, 학생이 자신의 상황을 어떻게 바라보고 있는지를 파악하고 대화하는 것입니다. 이를 위해서는 학생이 말문을 열 수 있도록 격려해주고 개방형 질문과 깊은 침묵이 필요합니다. 먼저 학생이 하고 싶은 말이 있다는 것을 학생의 신체표현을 보고 알아차릴 수 있어야 하며, 교수가 학생이 말문을 열 수 있도록 대화에 초대해야 합니다. 그리고 최소한의 격려를 지속해야 합니다. 가장 많이 쓰이는 최소한의 격려는 간단히 "응, 응." 하고 반응하는 것입니다. 그 외 '더 이야기해봐', '그랬어?', '정말?', '맞아', '저런', '그러게', '그랬더니?', '그래서?' 등을 사용할 수 있습니다. 그리고 학생이 말한 내용 중에서 핵심적인 한두 단어나 마지막 말을 반복해주는 방법도 활용할 수 있습니다. 개방형 질문도 학생의 대화를 통제하지 않으면서 학생을 더 잘 이해하는 데 도움을 줍니다. 다만, 자신이 아닌 학생의 관심에 초점을 맞추어 질문을 해야 하며, 한 번에 한 가지만 질문해야 합니다. 마지막으로 가장 중요한 것은 침묵입니다. 흔히 학생들과 대화가 몇 초만 끊겨도 어색하여 질문이나 충고, 그 밖에 다른 이야기로 침묵을 깨려고 노력하게 됩니다. 그러나 대화 도중에 침묵의 시간이 찾아오더라도 학생이 전달하는 내용에 대해 생각하면서, 학생에게 주목해야 동행하는 대화가 가능합니다.

반사 기법

반사 기법은 학생이 말한 내용이나 감정을 교수가 이해하고 받아들인 방식으로 다시 말해주는 것으로 학생의 이야기를 정확하게 들었는지 확인하는 기회를 주고, 교수의 관심을 전달하는 통로의 역할을 합니다. 반사 기법이 특히 중요한 이유는 의사소통이 다음과 같은 문제를 가지기 때문입니다.

1. 사람들은 같은 단어를 각자 다른 의미로 인식하기도 한다.
2. 사람들은 메시지를 보낼 때 그것을 암호화하는 경우가 많다.
3. 사람들은 중요한 문제를 제쳐두고 가짜 문제만 이야기하는 경향이 있다.

반사 기법에서는 섣부르게 이해한 척 하거나 상대방의 기분을 잘 안다고 생각하는 것을 경계해야 합니다. 그저 학생의 말을 바꿔 말하거나 학생이 가지고 있는 말 속에 담긴 감정, 의미를 그대로 반사하고, 핵심내용을 요약하면 됩니다. 여기에서 핵심은 첫째, 주관적인 판단을 개입시키지 않고, 둘째, 학생이 처한 상황을 정확하게 반영하되, 셋째, 간결하게 하여 학생이 말할 수 있도록 도움을 주는 데 초점을 맞추는 것입니다. 교수가 직접 문제 해결책을 찾으려 하지 말고 학생 스스로 문제 해결책을 찾도록 안내하는 것입니다.

어떻게 말해야 할까요?

자신의 생각을 제대로 표현하는 것은 자신의 영역을 지키는 일이자 다른 사람과 사회에 합리적으로 영향을 주는 것입니다. 그러나 자기표현을 한다는 것이 쉽지만은 않습니다. 사람들은 자기표현의 정도에 따라 순종형, 자기표현형, 공격형으로 분류할 수 있습니다. 이 중 순종형은 자신의 권리를 지키거나 욕구를 만족시키기 위해 필요한 말을 전혀 하지 않는 유형이며, 공격형은 자신의 관점과 생각을 관철시키려고만 하는 유형의 사람들입니다. 흥미로운 것은 순종적으로 행동하는 사람들 중에 평소에 엄청난 양의 분노를 쌓아두었다가 그 분노를 터트려 양 극단을 왔다갔다 하는 사람들이 적지 않다는 점입니다.

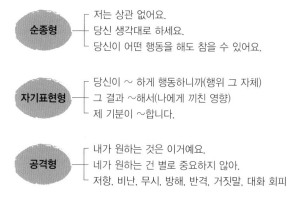

우리 학생들은 어떤 모습일까요? 또 교수님은 어떤 모습이신가요? 분명한 것은 제대로 된 의사소통을 하기 위해서는 연습이 필요하다는 것입니다. 교수가 먼저 자기표현법을 통해 학생들에게 하나의 모델이 되어준다면 더욱 바랄 게 없겠지요? 효과적인 자기표현은 상대방을 지배하지 않되 자신의 의사는 확고하게 표현하는 것입니다. 이를 위해서 다음의 공식을 이용할 수 있습니다.

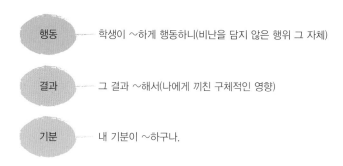

이 공식을 효과적으로 사용하려면 학생의 잘못된 행동을 비난하지 않고 묘사해야 하며, 상대방의 행동이 미치는 영향을 분명하게 설명해야 하며, 자신의 기분을 표현해야 합니다.

학생의 잘못된 행동을 비난하지 않고 묘사하기

학생이 잘못된 행동을 하여 교수와 다른 학생들에게 부정적인 영향을 미친다면 교수는 학생이 그것에 대해 인식할 수 있도록 알려주어야 합니다. 그렇지 않으면 학생은 자신의 어떤 행동이 교수의 기분을 상하게 하는지 정확하게 알지 못할 수 있습니다.

이를 위해 첫째, 학생의 문제되는 행동을 애매하게 말하지 말고 구체적으로 묘사합니다. 단, 행동만 묘사하고 학생의 동기, 태도, 성격 등을 추측해서 말하면 안 됩니다. 때로 학생들이 강의시간에 무례한 행동을 할 때 "교수에게 감히", "내가 강사라고 무시하나?"라는 생각이 들기도 합니다. 그러나 그것은 어디까지나 추측일 뿐이며, 설령 맞게 추측했더라도 학생이 그것을 인정하지 않을 확률이 높습니다. 둘째, 옳고 그름을 판단하지 말고 상대방의 행동을 간결하게, 객관적으로 묘사하는 데 초점을 둡니다. 셋째, 반드시 당사자를 대상으로 해야 합니다. 간혹 여러 학생이 잘못 했는데 부당하게 한 학생만 불러내 야단을 치거나, 한 학생만 잘못을 했는데 전체 학생들에게 화를 내는 교수들을 보게 됩니다. 그렇게 되면 문제가 되는 학생뿐만 아니라 나머지 학생과의 관계도 어그러질 수 있습니다.

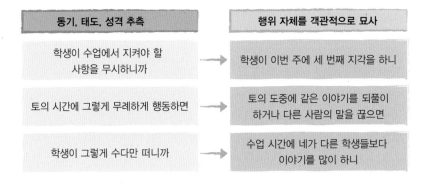

동기, 태도, 성격 추측	행위 자체를 객관적으로 묘사
학생이 수업에서 지켜야 할 사항을 무시하니까	학생이 이번 주에 세 번째 지각을 하니
토의 시간에 그렇게 무례하게 행동하면	토의 도중에 같은 이야기를 되풀이 하거나 다른 사람의 말을 끊으면
학생이 그렇게 수다만 떠니까	수업 시간에 네가 다른 학생들보다 이야기를 많이 하니

자신의 감정 표현하기

자기표현 메시지 공식에 담겨야 할 두 번째 요소는 상대방의 행동이 자신에게 끼친 영향에 대한 감정을 표현하는 일입니다. 사람들은 자신의 감정을 표현할 때 두 가지 문제점을 갖고 있습니다. 자신의 감정이 어떤지 잘 모르는 문제와 감정이 격양되어 이성이 마비되는 문제입니다. 앤드루 솔터는 감정을 자제하는 문화 속에서 대부분의 사람이 '감정의 변비'로 고생하고 있다고 말합니다. 그만큼 자신의 감정을 제대로 이해하고 표현하는 것이 쉽지 않다는 의미입니다. 많은 사람들은 자신의 감정을 알아채고 그 감정을 표현하는 일을 매우 어려워합니다. 자신이 느끼는 감정의 정도를 표현하는 데에도 서툽니다. 어떻게 하면 스스로의 기분을 제대로 알 수 있을까요? 우선 왜곡하거나 검열하지 말고 스스로의 감정에 귀를 기울일 필요가 있습니다. 그리고 몸의 반응에 귀를 기울이고, 자신이 경험하고 있는 진짜 기분을 표현해야 합니다. 자신의 감정을 적극적으로 표현할수록 자신의 감정을 더 민감하게 알아차릴 수 있습니다.

상대방의 행동이 미치는 영향을 분명하게 설명하라

누군가의 행동을 그 사람 스스로 바꾸기를 바란다면, 바꿔야 할 설득력 있는 이유를 알려주어야 합니다. 물론 예외는 있겠지만 대부분의 경우, 학생들은 자신이 교수님과 다른 학생들의 정당한 권리를 침해하고 있다는 사실을 확실히 알게 되면 자신의 행동을 바꾸려고 노력합니다. 학생에게 상대방의 행동이 미치는 영향을 담아 이야기하고자 할 때 자주 부딪치는 어려움은 명백하게 자신의 영역을 침해한 일이 생각나지 않는다는 점입니다. 또한 금전적 손실, 시간 낭비, 일의 효율 방해 등과 같은 명백한 것에 비해, 교수님에게 심리적 영향을 끼친 것들을 표현할 때 더 어려움을 느끼기도 합니다. 그로 인해 때로는 진짜 중요하고 영향을 주는 문제가 아닌 다른 이유를 말하기도 합니다.

자기표현을 하기 위해서는 솔직하게 의사소통을 해야 합니다. 또한 그러한 영향을 생각하는 과정에서 혹시 내가 바꾸라는 행위가 학생의 영역과 권리를 침해하는 것인지에 대해서도 충분히 숙고해야 합니다.

행동묘사	감정표현	실질적인 영향
학생이 수업 중에 조 활동에 참여하지 않고 노트북으로 작업을 하고 있으니	우울	수업에 대한 의욕이 떨어져서 수업진행이 어려워져요.
학생이 계획을 세워놓고 마지막에 취소해 버리니까	짜증이 나	다른 학생들과 다시 계획을 짜기에는 너무 늦었어.

　지금까지 의사소통을 잘 하기 위한 방법에 대해 알아보았습니다. 이 장은 루엘 하우라는 신학자 겸 교육학자의 말을 인용하는 것으로 마무리하고자 합니다.

말을 한다고 해서 그것이 의사소통이라고 생각하면 오산이다.
사람들은 의사소통을 너무 쉽게 생각하는 경향이 있다.
그러다가 막상 어려움에 직면하면 금세 포기해버린다.
문제는 의사소통이 어려운 것이 아니라 포기를 너무 쉽게 하는 것에 있다.

학습윤리도 가르쳐야 하나요?

티칭 룰스

학습윤리, 대학에서 가르쳐라

Chapter 12 학습윤리도 가르쳐야 하나요?

자료 짜깁기, 출처 미상, 다른 사람의 의견과 자신의 의견이 뒤섞인 보고서로 고민이십니까? 팀플 무임승차자, 대리출석·무단조퇴하는 학생, 그리고 강의실의 수업 분위기를 해치는 학생 때문에 난감하십니까? 간혹 시험에서 부정행위를 하는 학생을 만날 때에는 허탈해지십니까? 때로는 어이없고, 때로는 난감하고, 때로는 불쾌하게 만드는 이런 학생들을 어떻게 대해야 할까요? 교수에게 지켜야 할 교원으로서의 윤리가 있듯이, 학생도 학생으로서 대학의 학습활동과 관련하여 준수해야 할 기본적인 덕목과 태도가 있습니다. 바로 이것을 "학습윤리"라고 합니다. 이 장에서는 대학에서 가르쳐야 할 학습윤리에 대해 이야기해보고자 합니다.

왜 대학에서 학습윤리를 가르쳐야 하나요?

대부분의 대학들이 '교육윤리헌장'을 통해 '출석', '보고서와 과제물 작성', '협동학습', '시험', '강의실을 비롯한 공적 학습공간에서의 인식과 태도' 등에 대해 학습윤리를 제시하고 있으며, 홈페이지를 통해 이에 대해 안내하고 있습니다.

그러나 이를 제대로 알고 지키는 학생들이 많지 않습니다. 큰 문제의식 없이 잘 알지 못한 채 학습윤리를 어기게 되는 경우도 적지 않습니다. 한 대학 신문사에서 연구윤리에 대해 조사한 바에 따르면, 연구·학습윤리에 대해 들어본 적이 없다는 학생이 48.8%에 이르렀고, 과제 및 논문 작성에 있어 이를 위반한 경험이 있는 학생이 33.7%에 이르는 것으로 나타났습니다.[1]

• 연구 · 학습윤리에 대해 들어본 적이 있습니까?

예 51.2%   아니오 48.8%

• 연구 · 학습윤리의 정확한 의미에 대해 알고 있습니까?
(이전 질문에서 '예'라고 응답한 경우)

예 60.6%
아니오 39.4%

• 과제 및 논문 작성에 있어 학습 · 연구윤리에 걸맞지 않게 행동한 경험이 있습니까?

예 33.7%   아니오 66.3%

연구 · 학습윤리에 대한 대학생의 인식과 실천

특히 학생들은 대리 작성, 중복제출, 과제물 구매 등은 잘 위반하지 않는 반면, 짜깁기와 표절은 관행적으로 위반해왔으며, 스스로 어디까지가 표절이고 어디까지가 정당한 인용인가를 구분하지 못하고 있었습니다.[2] 즉, 알면서 의도적으로 위반을 한다기보다는 모르는 가운데 이런 행위를 하고 있다는 것입니다. 비록 이에 대해 알고 있다고 하더라도 학생들은 자료에 대한 접근이 쉬워진 환경에서 '시간 부족', '더 좋은 학점에 대한 욕심'으로 손쉬운 선택을 하는 경우가 많습니다. 바로 이러한 이유로 대학생을 위한 학습윤리 교육의 필요성이 대두되는 것입니다.

물론 강의실에서 교수가 이런 것까지 가르쳐야 하는가, 그리고 어디까지 가르쳐야 하는가라고 반문할 수 있습니다. 그러나 학문에 입문하는 대학생들에게 가장 먼저 가르쳐야 할 것이 바로 학문적 정직성과 성실성이 아닐까요? 그리고 그것이 스스로 생각하고 창의적으로 문제를 해결하는 능력을 키우기 위한 토대가 되지 않을까요? 그렇다고 과도하게 부담을 가질 필요는 없습니다. 교수가 강의실에서 학생들이 지켜야 할 학습윤리에 대한 명확한 가이드라인을 주는 것만으로도 학생들에게는 이를 인식할 수 있는 좋은 계기가 될 수 있습니다.

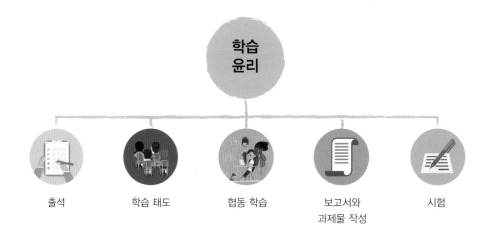

학습윤리란 '학습자가 대학의 학습활동과 관련된 모든 과정에서 준수해야 할 기본적인 덕목과 태도'를 말합니다. 학습윤리는 학습활동 과정에서 요구되는 행동 규칙을 제시하여 학생들의 학문적 진정성과 창의적인 학문탐구를 촉진하는데 목적이 있으며, 대학 내 모든 학습활동에 적용됩니다. 대부분의 대학이 교육윤리헌장을 통해 학습윤리를 명시화하고 있으므로 자신이 소속된 대학의 홈페이지를 확인해보면 도움이 될 것입니다. 아래에는 한 대학에서 사용하는 학습윤리의 내용을 정리해보았습니다.[3]

출석

1) 출석은 학습활동의 성실성을 담보하는 가장 기본적인 행위이다.

2) 출석의 확인과정에는 수강생들의 정직성이 요구된다.

3) 출석과 관련한 비윤리적 행위에는 대리출석과 무단조퇴 등이 있다.

4) 대리출석과 무단조퇴는 교원을 속이고, 학습활동의 성실성 확인 과정을 방해하는 행위이다.

보고서와 과제물 등의 작성

1) 보고서를 비롯한 과제물, 논문 등의 작성과 제출은 주체적인 학습과정의 일환으로, 학습자 나름의 생각과 주장을 논리적으로 가다듬어 진솔하게 표현할 때 비로소 유의미하다.

2) 이와 관련한 비윤리적 행위에는 위조, 변조, 표절, 구매, 양도, 중복제출 등이 있다.

3) 위조는 존재하지 않은 것을 허위로 만들어내는 것으로 실험이나 관찰, 조사 등을 통해 얻은 결과가 없음에도 불구하고 거짓 결과를 만들어내어 보고하는 부정행위이다.

4) 변조는 사실을 왜곡하여 기술하거나 데이터를 조작하는 것이다. 문헌자료의 내용을 임의로 바꾸는 행위, 조사연구의 가설과 방법을 조작하거나 그 과정에서 얻은 데이터를 변조·누락하는 행위 등을 말한다.

5) 표절은 타인의 말이나 글, 아이디어, 자료, 정보 등을 인용할 때 그 출처를 밝히지 않고 도용하거나 무단으로 짜깁기하는 것, 출처를 밝히기는 하였으나 인용 표시를 제대로 하지 않은 행위 등을 말한다.

6) 구매는 과제물이나 보고서 등을 스스로 작성하지 않고, 인터넷의 과제물 판매 또는 대행 사이트에서 구매한 것을 그대로 제출하는 부정행위이다.

7) 양도는 자신이 작성한 보고서나 과제물 등을 타인에게 넘겨주는 것이다. 타인의 지적 산출물을 양도받아 마치 스스로 수행한 것처럼 속여 제출하는 것이다.

8) 중복제출이란 다른 수업에서 이미 사용한 보고서나 과제물을 마치 새로 작성한 것처럼 속여 제출하는 것으로, 이는 하나의 학습활동으로 이중의 이득을 취하려는 비윤리적 행위이다.

협동학습

1) 대학에서의 협동학습은 각자 맡은 바 책임을 다하고 타인과 협력하여 공동의 목표를 달성하는 훈련 과정으로, 무엇보다도 구성원들의 자발적인 참여와 협력이 필요하다.

2) 협동학습의 과제수행에 참여하지 않거나, 자신에게 주어진 역할을 제대로 이행하지 않은 이가 다른 팀원과 함께 그 결과물에 이름을 올리는 것은 일종의 무임승차이다.

3) 무임승차는 정당한 노력을 하지 않고 팀원들이 협력하여 이룬 성과를 양심에 반하여 가지려는 부당행위로, 팀원들에게 부당한 짐을 지우고 그들의 학습의지를 손상시킨다.

시험

1) 학업성취도를 평가하기 위한 시험에서의 부정행위는 공정한 평가를 방해하는 비윤리적 행위이다.

2) 시험을 치면서 타인의 답안을 훔쳐보거나 거꾸로 자신의 답안을 보여주는 행위, 허락하지 않은 참고자료나 문헌 등을 보는 행위, 대리시험을 부탁하거나 들어주는 행위 등은 모두 부정행위에 해당한다.

모두를 위한 규칙을 공유하라

보이스(Boice)는 '반드시 수업 첫 날 첫 시간에 수업 규칙을 설명하고 공지해야 한다.'고 강조합니다. 학생들이 수업 중에 어떤 행동이나 태도를 보일지는 학기 초에 결정된다고 합니다. 즉, 이 시기에 학생들은 교수가 어디까지 허용하는지를 테스트하고, 교수의 반응에 따라 한 학기 내내 어떻게 행동할 것인지를 결정한다는 것입니다. 따라서 교수는 첫 시간에 학생들이 수업규칙을 명확하게 인식할 수 있도록 안내해주어야 합니다. 아울러 문제 행동이 발생했을 때 그대로 방치하지 말고, 즉각 개입해야 합니다.

첫째, 강의계획서에 교수가 중요하게 생각하는 학습윤리 가이드라인을 제시하세요.

강의계획서에 학습윤리와 관련하여 출석, 보고서 작성 및 제출, 협동학습, 시험의 운영방법뿐만 아니라 기본 원칙과 평가 기준을 명확하게 제시해주세요. 혹시 강의 운영을 위해 교수가 중요하게 생각하는 학습 태도 및 행동 규범이 있다면 그 역시 문서 또는 구두로 정확하게 안내해주세요.

둘째, 협동학습을 할 때에는 학습자들끼리 규칙을 만들도록 하세요.

협동학습을 할 경우에는 팀에서 자발적으로 그라운드룰(ground rule)을 만들도록 하세요. 그라운드룰은 집단이 어떻게 활동할 것인지에 대해 서로 약속하고 분위기를 만들어나가도록 하는 것으로 집단의 활동을 촉진하고, 일부 학습자의 무임승차를 방지하는 효과가 있습니다. 그라운드룰을 만들 때에는 포괄적이고 추상적인 표현보다는 아래 예시와 같이 구체적인 규칙을 만들 수 있도록 해주어야 합니다.

[예시] 학생들이 만든 그라운드 룰 예시

- 다른 사람 의견에 태클부터 걸지 말자.
- 자신이 맡은 역할에 충실히 임하기!
- 주 단위 보고 시간은 매주 수요일 오후 10시에 한다.
- 팀별 토의실에 일주일에 2번 이상 오기
- 모임에 올 때는 생각을 미리 메모해 와서 토의에 임하기
- 모임에 불참 시, 다음 모임에 다과를 준비한다.
- 수강 정정하지 않고 끝까지 맡은 역할을 완수한다.

셋째, 학생들 스스로 학습윤리에 대해 인식하고 실천할 수 있도록 안내해주세요.

학생들이 학습윤리 체크리스트를 통해 스스로 점검해보도록 안내해주세요. 자체 점검을 하는 과정을 거치는 것만으로도 학생들의 인식을 개선하고 실천하게 하는 데 도움이 될 수 있습니다.

학습윤리 자가진단 체크리스트

구분	내용	예	아니오
출석	대리출석을 친구에게 부탁하거나 부탁을 받아본 경험이 있다.		
	출석을 하고 무단조퇴를 한 경험이 있다.		
보고서 및 과제물	타인의 말이나 글, 아이디어, 자료, 정보 등을 이용할 때 출처를 밝히지 않은 적이 있다.		
	실험, 관찰, 조사 등을 통해 얻은 결과를 거짓으로 보고한 적이 있다.		
	문헌연구나 조사연구의 데이터를 임의로 바꾸거나 누락한 적이 있다.		
	인터넷에서 보고서나 과제물을 구매하여 그대로 제출하거나 본인의 보고서나 과제물을 판매해본 경험이 있다.		
	다른 수업에서 이미 사용한 보고서나 과제물을 마치 새로 작성한 것처럼 속여 제출한 경험이 있다.		
협동	팀별 과제 수행에 참여하지 않거나, 자신의 역할을 제대로 수행하지 않았음에도 결과물에 본인의 이름을 올린 적이 있다.		
	팀의 공동 목표를 달성하기 위기 위해 필요한 참여와 협력을 제대로 수행하지 않은 적이 있다.		
시험	시험볼 때 허락되지 않은 참고자료나 문헌을 본 적이 있다.		
	대리시험을 부탁하거나 들어준 경험이 있다.		
	답안을 타인에게 보여주거나 보려고 한 적이 있다.		
학습 공간	학습 공간에서 욕설이나 폭언 및 폭력 행위를 해본 적이 있다.		
	학습 공간에서 애정행위를 한 적이 있다.		
	성희롱, 성폭행 등 성과 관련된 언동으로 주변인들에게 불쾌감을 준 적이 있다.		

학습윤리는 학생들이 사회에 나가서 전문인으로 살아가는데 필요한 덕목입니다. 따라서 이에 대한 교수자의 명확한 인식, 그리고 학생들에 대한 단호하고도 확실한 교육이 필요합니다.

학생 평가

티칭 룰스

평가와 피드백을 통해 학생의 성장을 지원하라

대학에서 경쟁이 치열해지고, 상대평가가 강화되다 보니 학생들이 학점에만 지나치게 관심을 갖는 경향이 증가하고 있습니다. 그로 인해 학생들은 수강과목을 결정할 때 과제와 평가를 가장 중요하게 보고, 강의를 들으면서도 평가를 잘 받기 위한 학습활동에 초점을 맞추게 됩니다. 이처럼 평가가 교육의 모습을 결정짓는 현상을 평가의 조형 기능(shaping) 또는 평가의 역류(backwash)라고도 합니다.[1] 그러나 이는 달리 말하면, 학생 평가가 그만큼 중요하고, 교수가 어떻게 평가하느냐에 따라 학생들의 학습활동이 달라질 수 있음을 시사하는 것이기도 합니다. 이 장에서는 어떻게 하면 학생의 학습과 성장을 도울 수 있도록 평가를 설계하고, 운영하고, 활용할 수 있을지 이야기해보고자 합니다.

학생 평가 어떻게 하고 계십니까?

서울 소재 한 대학에서 학생을 대상으로 학생 평가에 대한 인식을 조사한 결과에 따르면, 학생들은 '평가 정보 제시' 및 '평가 공정성'에 대해서는 비교적 만족하는 반면 '평가 적절성', '평가 기준 제시'에 대한 만족도는 낮고, 특히 '평가의 학업성취에의 도움 여부'와 '피드백 제공'에 대해서는 만족도가 더 낮은 것을 확인할 수 있었습니다.[2] 이는 결과적으로 평가가 학업성취에 도움이 되기 위한 전제조건인 강의목표, 내용, 방법에 적합한 평가의 시행, 평가기준의 제시, 피드백의 제공 면에서 충족되지 못했음을 의미합니다.

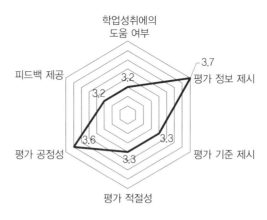

학생 평가에 대한 학생들의 인식

각각의 영역에 대해 강의평가에서의 학생들의 목소리를 좀 더 들어볼까요?[3]

평가의 적절성

- 시험이 수업시간에 한 내용과 연계가 잘 되지 않는다. 수업 내용과는 거의 연관이 없는 문제들이 왜 시험에 출제되는지 이해할 수가 없다.
- 시험문제를 조악하게 내지 않았으면 좋겠다. 시험은 배운 내용을 정리한다는 취지인데, 마치 틀리라고 내는 느낌을 받았다.
- 수업은 토론으로 이루어지는데 시험은 지엽적인 내용의 괄호 넣기, 암기식의 방식으로 이루어져 과정과 평가 사이에 부조화가 있다고 생각한다.

평가기준의 제시

- 한 학기가 끝났는데 아직도 성적의 평가기준에 대해서 모르겠다. 평가기준도 모르겠고 한 학기 동안 성적도 어떻게 되는지 모르겠어 답답하다.
- 과제평가기준이 명확했으면 더 좋았을 것 같다. 만점을 받아도 뭐 때문에 만점인지 모르고 감점이 되어도 왜 감점이 되었는지 잘 모르겠다.
- 시험 점수를 매길 때 어떤 부분을 중요시 보고 무엇으로 점수를 줄 것인지 제대로 된 평가 기준을 명확히 제시하지 않은 점이 아쉽다.

피드백에 대하여

- 과제에 대한 풀이나 답도 주지 않으시고 과제도 돌려주지 않으셔서 솔직히 왜 한 건지 모르겠다. 풀 때도 긴가민가하며 풀었는데 맞았는지 틀렸는지도 몰라서 물어보기도 애매하다.
- 시험결과를 알 수 있으면 좋을 것 같다. 얼마나 잘 했는지, 혹은 못했는지 가늠이 돼야 다음 시험을 더 잘 준비할 수 있을 것 같다.
- 평가에 대한 명확한 기준이 제시되지 않은 것 같아 아쉬운 점이 있다. 바쁘시겠지만, 시험 후 학생 개개인에게 방향성을 제시해주시고 피드백 해주신다면 학생이 더 멋지게 성장할 수 있을 거라 생각한다.

학생들의 이와 같은 불만은 평가가 학점이라는 결과를 넘어서 자신의 학습과 성장에 도움이 되었으면 하는 요구를 반영합니다. 이를 위해 지금 실시하고 있는 학생 평가를 아래 네 가지 측면에서 점검해보고자 합니다.

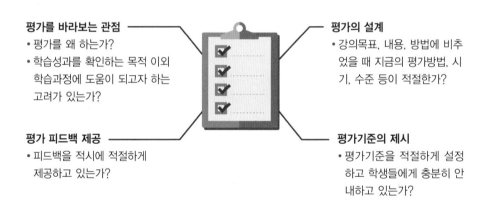

평가를 바라보는 관점
- 평가를 왜 하는가?
- 학습성과를 확인하는 목적 이외 학습과정에 도움이 되고자 하는 고려가 있는가?

평가 피드백 제공
- 피드백을 적시에 적절하게 제공하고 있는가?

평가의 설계
- 강의목표, 내용, 방법에 비추었을 때 지금의 평가방법, 시기, 수준 등이 적절한가?

평가기준의 제시
- 평가기준을 적절하게 설정하고 학생들에게 충분히 안내하고 있는가?

평가를 바라보는 관점

학생 평가를 바라보는 관점은 다양합니다. 어떤 관점을 갖느냐에 따라 평가의 목적, 방법, 시기도 다양해질 수 있습니다. 이것은 교수가 지향하는 교육철학과 가치에 따라 달라질 수도 있지만, 강의의 목표와 성격에 따라서도 달라질 수 있습니다.[4]

▣ 평가를 왜 하는가?

학생들이 강의목표를 달성했는지
확인할 수 있으니까

학생들이 얼마나 나아졌는지
알 수 있으니까

누구를 통과시킬지, 아닐지
알 수 있으니까

학생들이 부족한 부분을 교수가 알고
이를 다시 지도할 수 있으니까

⬇

선별 중심의 평가

성장 중심의 평가

▣ 점수를 어떻게 해석할 것인가?

학생들의 상대적인 비교를 해야 해

학생들이 학습목표를 달성했는지
확인해야 해

누가 A이고 F인지 알 수 있으니까

그에 따라 모두 통과할 수도,
모두 탈락할 수도 있으니까

⬇

규준지향평가
(norm-referenced evaluation)

준거지향평가
(criterion-referenced evaluation)

▣ 평가를 어떤 방법으로 하는가?

학생들의 실력을 점수로
엄격하게 판별해야 해

학생들의 다양한 특성을
제대로 이해해야 해

가급적 난이도를 높여야 잘 하는 학생과
못하는 학생을 분명하게 나눌 수 있어

강의시간에 적극적으로 참여한 학생이라면
누구나 해결할 수 있는 문제를 내야 해

수행평가, 논술형 평가는 채점 기준을
엄격히 해야 평가의 공정성을 확보할 수 있어

수행평가, 논술형 평가는 정답의 개방성이
보장되는 다양한 형태로 진행해야겠어

⬇

폐쇄적 평가

개방적 평가

▣ 평가를 언제 하는가?

간단한 테스트를 통해 학생들이 무엇을 알고
모르는지 미리 확인해 봐야지

학사 일정에 정해진 정기 고사 일정에 맞춰
진도를 나가고, 진도가 끝나면 평가를 해야지

강의시간에 학생들이 학습활동을 하도록 하고,
그 결과를 평가하고 다시 강의에 반영해야지

강의시간에 학습활동한 내용을 다시 정기고사에
반영해 학생들의 실력을 종합적으로 확인해야지

⬇

결과 중심의 평가

과정 중심의 평가

평가의 기본방향과 원칙을 결정하면, 강의계획서에 이를 충실하게 기술해야 합니다. 강의계획서와 첫 시간 안내를 통해 평가를 왜 실시하는지, 그것이 어떤 방식으로 평가되는지를 학생들이 정확히 알고 그에 맞게 학습할 수 있도록 안내해주어야 합니다.

평가의 설계

목표, 내용, 방법, 평가까지 일관되게 하라

최근에는 평가시기, 평가방법, 심지어 평가주체까지 매우 다양해지고 있습니다. 특히 평가의 중요성이 강조되면서 강의를 설계할 때부터 학습 결과를 고려하는 백워드 설계(backward design)도 대두되고 있습니다. 백워드 설계는 목표, 내용, 방법, 평가 순으로 설계하던 기존 절차와 달리 그림과 같이 목표와 평가를 먼저 설계한 후 내용과 방법을 결정하는 순으로 바꾼 방법입니다.[5]

기대하는 학습결과 확인
- 학생들이 무엇을 알고, 이해하고, 할 수 있게 되길 기대하는가?
- **교육과정/교과목의 목표와 기대**는 무엇인가?

학습결과 증거로서 평가방법 결정
- 학생들이 이해했다는 것을 확인할 수 있는 증거는 무엇인가?
- 어떤 **평가와 과제**를 수행하도록 할 것인가?

학습경험 설계 및 교수
- 위의 결과를 얻기 위해 학생들은 어떤 지식과 기술이 필요한가?
- **교육내용, 교수방법**을 어떻게 조직할 것인가?

군이 백워드 설계가 아니더라도 강의목표를 달성할 수 있는 방법으로 교육내용과 방법을 조직하고, 이를 확인할 수 있는 방법으로 평가를 설계하여 목표, 내용, 방법, 평가 간의 일관성을 유지하는 것이 매우 중요합니다. 만약 학생의 의사표현과 소통능력 향상을 강의의 목표로 제시하여, 발표와 토론을 중시하는 수업을 진행한 후 선다형 지필시험으로만 학생을 평가한다면 학생들이 목표를 제대로 달성했는지 확인할 길이 없고, 학생들도 그러한 평가를 '평가를 위한 평가'라고 여기게 될 것입니다.

강의목표에 맞게 평가방법을 결정하라

흔히 대학에서 평가하면, 중간고사, 기말고사로 대표되는 시험, 즉 지필평가를 떠올립니다만 의외로 다양한 형식의 수행평가가 함께 활용되고 있습니다. 수행평가는 "습득한 지식, 기능이나 기술을 실제 생활이나 인위적 평가 상황에서 얼마나 잘 수행하는지 혹은 어떻게 수행할 것인지에 대해 서술, 관찰, 면담 등의 방법을 통하여 종합적으로 판단하는 평가방법"입니다.[6]

지필평가가 적합한지, 수행평가가 적합한지, 또는 이 두 가지를 혼용할 것인지는 강의의 목표가 무엇인지에 달려 있습니다. 또한 지필평가는 시간과 비용이 적게 들고, 공정하게 평가하기가 용이하다는 장점이 있는 반면 고차원적인 능력을 평가하기 어렵고, 수행평가는 학생의 고차원적인 능력을 포함하여 학생들의 다양한 능력을 통합적으로 살펴볼 수 있지만, 시간과 비용이 많이 들고 학생들이 평가에 공정성을 제기할 가능성이 높습니다. 따라서 이러한 장단점을 고려하여 적절한 평가방법을 결정해야 합니다. 어떠한 평가방법이 있는지는 아래의 표를 참고하세요.[7]

		선다형	제시된 둘 이상의 답지 중 하나 혹은 그 이상을 선택하는 문항
지필 평가	선택형	진위형	주어진 조건에 맞거나 옳은 선택지에는 ○, 틀리거나 옳지 않은 선 택지에는 ×를 기입하는 문항 유형
	서답형	단답형	지시문에 요구하는 내용을 비교적 짧게 기술하는 문항 유형
		완성형	진술문의 일부를 비워 그곳에 정답을 채우도록 하는 문항 유형
		논술형	주어진 문제에 별다른 제한 없이 답을 기술하는 문항 유형
수행 평가	지필식 평가	연구 보고서법	개별 과목 또는 범교과적 내용 중에서 학생의 능력이나 흥미에 적 합한 주제를 선택하여 개인 혹은 집단별로 보고서를 수행하고 결과 물로서 보고서를 제출하도록 하는 평가방식
		평가 보고서법	학생들이 특정 주제나 내용 영역에 대해 학습 과정과 결과에 대한 학습평가 보고서를 작성하여 제출하도록 하는 방법(자기평가, 동료 평가 모두 가능)
	구술식 평가	발표	학생이 특정 내용이나 주제에 대하여 자신의 의견이나 생각을 발표 하도록 하여 평가하는 방법
		토론	특정 주제에 대해 학생들이 서로 토론하는 것을 관찰하고 학생들의 능력과 성취수준을 평가하는 방법
	실습식 평가	실기	자연스러운 상황에서 학생들의 수행능력을 평가하는 방법으로 예체 능뿐만 아니라 듣기, 말하기, 읽기, 쓰기 등 언어 분야에서 활용
		실험 실습	실제 실험실습 능력뿐만 아니라 학생들의 태도, 지식을 적용하여 주 어진 문제를 해결하는 과정에 대한 포괄적이고 분석적인 평가로 과 학, 기술 영역에서 활용
	포트폴리오		일정 기간 구체적인 목적에 따라 계획적으로 작성된 산출물을 평가 하는 방법으로 학생의 성취도뿐만 아니라 향상도도 평가 가능

지필평가의 문항을 개발할 때에는 우선 측정하고자 하는 바가 무엇인지를 명확히 하고 그에 따라 시험 문항의 내용과 형식을 결정해야 합니다. 또한 학생들이 시험을 보는 환경, 학생들의 특성 등에 적합한지도 검토해보아야 합니다. 좋은 시험 문항의 조건은 여러 가지가 있습니다만, 가장 기본적인 것을 정리하면 다음과 같습니다.[8]

① 모호하지 않고 구체적이며 구조화된 문항 개발

② 적절한 난이도 유지

③ 학습동기 유발

④ 단순 기억에 의한 사실보다는 분석, 종합, 평가 등의 고차원적인 능력 측정

⑤ 문항 내용이 윤리적·도덕적 문제 소지가 없는지 검토

수행평가를 개발할 때에는 무엇보다 수행평가의 목적을 분명히 해야 합니다. 그리고 그에 따라 수행평가가 타당하게 진행되기 위해서 어떤 내용에 대해 평가할 것인지, 어떤 과제를 선정할 것인지, 평가 시 적용될 기준은 무엇인지를 사전에 결정합니다. 수행평가의 경우 학생들이 공정성 결여에 대해 불만을 갖는 경우가 많습니다. 공정한 평가가 될 수 있도록 하는 한편, 실제 수행평가 자체가 학습에 도움이 되도록 하기 위해서는 다음과 같은 것을 유념할 필요가 있습니다.

① 평가 계획의 사전 공지

② 명료한 평가기준을 상세히 하여 객관성 확보

③ 평가 요소 및 채점기준을 충분히 공지하여 공정한 기회 부여

④ 조별 평가 시 합리적이고 공정한 점수 부여 방안 마련(자기평가 및 동료 평가 활용)

⑤ 평가점수를 학생들에게 공개하여 신뢰도 확보

총괄평가뿐만 아니라 진단평가와 형성평가도 함께 활용하라

평가시기에 따라 진단평가, 형성평가, 총괄평가로 구분하는데, 이에 따라 평가의 목적 또는 기능이 달라질 수 있습니다.

진단평가는 학생이 가지고 있는 능력 및 특성이 어떠한지 그 양상이나 원인을 체계적으로 파악하고, 그 정도를 교육목표 설정, 교수-학습 활동 계획, 평가 계획 수립에 활용하는 것입니다. 즉, 학생들의 선수학습, 흥미와 적성 등을 파악하여 궁극적으로 강의의 효율성과 효과성을 증진시키는 목적으로 실시되는

것으로 사전검사, 체크리스트 등이 있습니다. 이는 교수가 자체적으로 실시할 수도 있고 대학 본부 또는 교수학습개발센터의 지원을 받아 실시할 수도 있습니다.

형성평가는 강의가 진행되고 있는 도중에 실시하는 평가로 현재 진행 중인 학습내용에 대한 학생들의 이해 정도나 기능 수준을 확인하고 이를 극대화하기 위해 실시하는 평가입니다. 최근에는 학생들의 학습 수준을 파악하는 동시에 예·복습을 강화하고 중간·기말시험의 학업 부담을 완화하기 위해 퀴즈를 활용하는 사례가 늘고 있습니다. 소크라티브, 심플로우와 같은 앱을 활용하는 경우도 있습니다. 형성평가의 결과는 교수와 학생 모두에게 피드백 되어 학습을 촉진하고 강의를 개선하는 기초 정보가 될 수 있습니다.

총괄평가는 일정 단위의 교수학습과정이나 프로그램이 종료된 후 교육목표의 달성 여부와 정도를 종합적으로 판단하는 평가입니다. 흔히 대학에서 치러지는 중간, 기말고사가 이에 해당합니다. 최근에는 중간고사나 기말고사를 프로젝트 보고서로 대체하는 사례도 늘어나고 있습니다.

학생들이 평가의 주체가 되게 하라

학생중심 강의방법이 증가하면서 학생들이 평가의 대상만이 아니라 평가의 주체가 되게 하는 다양한 방법들이 대두되고 있습니다. 가장 대표적인 것이 PBL(Problem-based learning)에서 사용하는 동료평가라 할 수 있습니다. PBL은 전체 발표 시 우리 팀뿐만 아니라 다른 팀의 활동도 직접 평가함으로써 성과물에 대해 평가할 수 있는 안목을 키우도록 하고 있습니다. 또한 그룹활동을 하는 과정에서 팀 구성원의 참여도와 기여도를 평가하고, 성찰일지를 통해 자신의 학습활동을 되돌아보게 함으로써 성실한 참여를 유도하고 자기주도적 학습자로 성장할 수 있도록 합니다.

학생 주도 평가가 꼭 PBL, TBL과 같은 교수방법에서만 가능한 것은 아닙니다. 지필식 시험을 보더라도 중간고사나 기말고사 전에 학생들이 문제를 직접 내고, 문제를 풀기도 하고 문제에 대한 평가도 하면서 그 과정을 통해 학습하게 할 수도 있습니다.[9]

평가기준의 제시

최근에는 강의계획서에 무엇을 가지고 평가하는지, 그리고 각 항목별 구성비는 어떻게 되는지를 소개하는 추세입니다. 여기에 더하여 항목별로 평가할 때 평가기준이 무엇인지 알려 준다면, 학생들은 그 기준에 맞춰서 학습을 하고, 그에 따라 스스로 평가하고 개선해나갈 수 있습니다.

개별과제 및 조별과제 평가기준 제시 사례

구분	개별 과제		조별 과제	
	기준	비중(%)	기준	비중(%)
내용	주제 적합성	15	내용 충실성	15
	사례 독창성	20	사례 독창성	25
	자료 타당성	30	참여 적극성	25
형식	구성	15	구성 체계성	15
	문법	10	발표 명료성	10
	제출	10	발표자료 사전 제출	10
합계		100		100

특히 수행평가를 실시하는 경우 평가기준이 일종의 가이드라인 역할을 할 수 있습니다. 최근에는 이를 위해 루브릭을 활용하는 사례도 증가하고 있습니다. 루브릭은 '학생들의 과제를 평가할 준거를 나열한 채점도구'를 말합니다.[10] 루브릭은 교수가 학생 평가를 위해 사용할 수도 있지만, 학생들이 자신과 동료학습자의 학습을 평가하고, 서로에게 피드백을 주고, 수정하여 최종적으로 결과물의 질을 높이기 위해 사용할 수도 있습니다. 이를 위해 학생들과 함께 루브릭을 개발하는 시도도 증가하고 있습니다. 루브릭의 개발단계는 다음과 같습니다.[11]

단계	수행	해야 할 일
1	예시를 보여준다.	학생들에게 잘 된 예와 그렇지 않은 예를 보여준다.
2	준거를 나열한다.	잘 된 예와 그렇지 않은 것을 구분하는 요인에 대해 논의한다.
3	질의 정도를 명료화한다.	가장 잘 한 것과 그렇지 않은 과제의 수준을 정한다. 이를 토대로 중간에 해당하는 질의 정도를 몇 단계로 나눈다.
4	예시를 적용한다.	1단계에서 사용했던 예시를 학생들에게 주고 루브릭을 살펴보게 한다.
5	자기평가와 동료평가에 사용한다.	학생들에게 루브릭을 주고 자신과 동료의 과제를 평가하는데 사용해보게 한다.
6	수정한다.	5단계에서 받은 피드백을 바탕으로 학생들이 자신의 과제를 수정하게 한다.
7	교수가 평가한다.	학생들에게 주었던 같은 루브릭을 사용하여 교수가 평가한다.

평가 피드백 제공

피드백이란 학생이 자신의 성취 수준과 목표의 차이를 파악할 수 있도록 돕는 동시에 그 차이를 줄여 나갈 수 있도록 안내합니다. 피드백을 제공할 때에는 첫째, 성취 기준에 근거하여 어떤 평가를 받았는지를 정확하게 알 수 있게 해 주어야 합니다. 둘째, 일반적이고 모호한 피드백은 도움이 되지 않습니다. 구체적이고 기술적인 피드백을 제공해야 합니다. 셋째, 피드백은 가능한 자주 즉각적으로 제공해야 합니다. 이를 통해 학생이 어떤 향상을 보이고 있으며, 앞으로 기대하는 바가 무엇인지에 대해 충분한 정보를 제공해야 합니다.

한국교육개발원의 「대학교수 13인의 명강의」에 소개된 이화여대 김찬주 교수의 학생에 대한 피드백 제공 사례를 소개하고자 합니다. 김찬주 교수는 사이버 캠퍼스를 통해 24시간 상호작용 시스템을 운영하고 있습니다. 학생들은 과목 홈페이지의 질문 게시판과 자유 게시판에 자유롭게 글을 올릴 수 있으며, 교수는 모든 글에 대해 24시간 안에 답글을 달아 줍니다. 과목 게시판은 익명으로 운영하여 소심한 학생들의 진입장벽을 낮추고 있습니다. 김찬주 교수는 기출문제를 모두 공개하고, 학생들이 미리 기출문제를 풀면서 공동으로 그리고 자발적으로 위키를 작성하도록 하고 있습니다. 또한 게시판에서의 토론 결과도 '기출문제 위키'에 학생들 스스로 정리하도록 하고 있어 학기 말이 되면 하나의 훌륭한 사이트가 되도록 하고 있습니다. 시험을 보고 나면 최대한 빨리 채점을 마치고 점수를 공개하고, 시험 이외에도 과제물, 출석 등 성적의 모든 근거를 과목 홈페이지에 공개하고 있습니다.[12] 이는 학생들이 성적에 대한 이의를 줄이는 방법인 동시에 학습동기를 높이고 참여도를 높이는 데에도 기여할 수 있습니다.

교수에게도 학생에게도 평가는 쉽지 않은 일입니다. 학생은 더 좋은 학점을 받기 위해 다른 학생들과 경쟁하느라 힘들고, 교수는 그런 학생들과 성적 실랑이가 없도록 하느라 신경이 곤두서게 됩니다. 그러나 그로 인해 평가를 위한 평가에 초점을 맞추어서는 안 될 것입니다. 그럴수록 강의목표에 맞게 평가를 설계하고, 평가기준을 통해 가이드라인을 제공해주며, 적절한 피드백을 제공해주어야 합니다. 그래야만 평가가 학생들에게 동기를 부여하고, 중요한 내용과 활동에 집중할 수 있도록 해주며, 학생 스스로 잘 하고 있는지, 어떻게 하면 잘 할 수 있는지 길을 되잡아주는 지침이 될 수 있을 것입니다. 그래야 교육을 더욱 교육답게 하는 평가[13]가 될 수 있을 것입니다.

평가를 통한
강의 개선

티칭 룰스

강의평가와 티칭 포트폴리오를 활용하라

최근에는 강의 질 관리 및 교수 개발에 대한 관심이 증대하고 있습니다. 여기에서는 강의의 질을 개선하기 위한 대표적인 방법으로 강의평가를 활용하는 방법과 티칭 포트폴리오를 활용하는 방법에 대해 소개해드리고자 합니다.

강의평가의 활용

우리나라 대학에서 본격적으로 강의평가가 도입된 것은 1990년대 중반부터이며, 지금은 대부분의 대학에서 강의평가를 실시하고 있습니다. "교수가 학생에게 평가를 받는다니?"라는 부정적인 시각, 그리고 학생들이 특정 점수만 찍는다거나, 학점을 잘 주면 평가를 좋게 받는다거나 하는 생각으로 강의평가 점수는 신뢰할 수 없다고 생각하는 경우가 적지 않은 것 같습니다. 물론 일관적 응답 경향을 보이는 학생들도 적지 않습니다. 하지만 강의평가에 대한 학생들의 태도와 행동을 연구한 바에 따르면, 의외로 많은 학생들이 객관적 입장에서 신중하게 강의평가에 임하고 있음을 확인할 수 있습니다[1, 2]

강의평가는 강의를 개선하기 위한 귀중한 자료가 될 수 있습니다. 그럼에도 불구하고 언제 강의평가가 실시되는지, 어떤 문항으로 실시되는지, 결과는 어떻게 확인할 수 있는지 잘 알지 못하는 경우도 적지 않습니다. 지금부터 강의평가를 강의 개선을 위한 도구로 적극 활용하는 방법에 대해 몇 가지 소개해드리겠습니다.

첫째, 강의 전에 강의평가 문항을 미리 검토합니다.

평가를 잘 받기 위해 강의를 맞추라는 말인지 의문을 던질 수 있습니다. 그러나 다시 생각해보면 강의평가의 항목은 내가 소속한 대학에서 학생 교육을 위해 중요하게 생각하는 항목을 선별한 것입니다. 따라서 이를 고려하여 강의를 준비하는 것은 당연한 것입니다. 다음은 91개 대학의 강의평가 2,276개 문항의 빈도를 유형별로 정리한 것입니다. 이에 따르면, 강의 관련된 문항은 설계, 과제 · 시험 · 평가, 강의내용의 순으로 중요하게 보고 있음을 확인할 수 있습니다[3]

영역	항목	비율(%)	순위
학습자 관련	학습자 정보	11.6	
	학습의 성취	4.4	
교수자 관련	교수자의 특성	9.4	
강의 관련	강의조직(설계)	13.4	1
	강의내용	10.6	3
	강의기술	9.3	4
	강의방법	3.7	6
	상호작용	2.8	7
	학습의 부담	2.5	8
	과제·시험·평가	12.5	2
	강의관리	8.3	5
강의총평	전체적인 평가	6.5	
	개선을 위한 제언	5.0	

　물론 강의평가 문항이 전체 강의를 대상으로 하기 때문에 개별적인 강의 특성을 반영하지 못할 수 있습니다. 그로 인해 강의평가 문항을 필수문항과 선택문항으로 나누고, 교수가 선택문항을 추가할 수 있도록 하는 대학이 늘고 있지만 이에 대해 잘 알지 못해 활용하지 못하는 경우가 대부분입니다. 따라서 이러한 제도를 잘 활용하여 내 강의의 특성이 반영된 강의평가를 받아 볼 수 있도록 대학에서의 강의평가제도를 적극 활용할 필요가 있습니다.

　둘째, 강의평가를 강의개선의 도구로 활용합니다.

　학기가 끝난 후 학생들의 강의평가를 보는 일이 유쾌하지만은 않습니다. 일부 학생들은 공격적인 말이나 비방하는 말을 쏟아 놓기도 합니다. 그로 인해 일부 교수는 공공연하게 강의평가를 보지 않는다고 말하기도 합니다. 그러나 그런 학생들 때문에 성실하게 강의평가에 임한 다른 학생들의 의견까지 무시해서는 안 됩니다. 강의평가는 절대적인 도구일 수는 없습니다. 그러나 학생들이 강의에 대한 의견을 제시할 수 있는 소통의 창구임은 분명입니다. 따라서 교수는 객관식 점수를 통해 전체 학생들이 내 강의에 대해 어떻게 인식하고 있는지 동향을 파악하고, 주관식 평가 중 합리적이라고 생각되는 의견을 참고하여 강의를 개선하시는 데 활용하면 됩니다.

　셋째, 필요하다면 학기 초·중반에 강의에 대한 학생들의 의견을 조사합니다.

강의평가의 아쉬운 점은 강의가 종료된 후에 평가결과를 확인할 수 있다는 점입니다. 교수가 평가결과를 바탕으로 부족한 점을 개선한다고 해도 이번 수강생에게는 적용할 수 없습니다. 그래서 최근에는 학기 초에 학생들을 대상으로 요구조사를 실시하거나 중간고사 전후 자체적으로 강의에 대한 학생들의 의견조사를 실시하기도 합니다. 그리고 다음 시간에 학생들과 제시된 의견 중 수용할 수 있는 것과 아닌 것에 대해 이야기를 나누어 조정합니다. 이는 결과적으로 학생에 대한 교수의 관심과 열의를 느끼게 하는 과정이 될 수 있습니다.

티칭 포트폴리오의 개발

티칭 포트폴리오는 '강의활동 자료를 조직적으로 간결하게 정리한 문서'입니다. 티칭 포트폴리오는 교수가 학생을 이해하는 데 도움을 줄 뿐만 아니라 자신의 강의에 대해 반성적으로 성찰하고 수업전략을 세우는 데 활용될 수 있습니다.[4]

티칭 포트폴리오의 구성요소는 크게 두 가지 범주, 즉 수업활동을 문서화한 증거자료와 이러한 증거자료에 대한 자기성찰로 구분할 수 있습니다. 또한 수업활동을 문서화한 증거자료를 다시 자신으로부터 수집되는 자료, 타인으로부터 수집되는 자료로 나누어 제시하고 있습니다. 포트폴리오 구성요소를 살펴보면 다음 표와 같습니다.[5]

티칭 포트폴리오 구성요소

구분	구성요소	세부항목
자신으로부터 수집되는 자료	교육철학	– 평소 본인의 교육철학, 교육 방향 – 최근 3~5년간 교육 이력
	강의목표	– 강의목표 – 전공 및 담당 교과목의 장단기 목표
	강의계획	– 강의계획서 – 구체적인 평가 계획 및 평가 도구 – 학습자의 특성 분석 및 유형 등에 대한 기초 자료
	강의방법	– 주요 수업방법 및 전략 – 강의 장면이 담긴 사진이나 동영상 등
	강의자료	– 강의에 활용된 관련자료(수업노트, 보충자료 등)
타인으로부터 수집되는 자료	학습성과자료	– 과제나 평가를 통한 학습결과 자료
	강의평가자료	– 학기 중 수업만족도 조사 및 강의평가 결과
	학생 피드백	– 학생들로부터의 피드백 자료 및 상호작용 사례 (홈페이지, e-class, 카페, 메일 등)
	강의관찰자료	– 동료 교수 및 전문가의 수업관찰 자료
자기성찰자료	수업실행분석	– 강의 계획에 따른 강의 성과 분석 – 강의목표, 방법, 평가에 대한 분석 – 강의 개선을 위한 노력에 대한 효과성 검토
	수업평가분석	– 학기 중 강의만족도 및 수업평가 결과 분석
부록	수업능력향상 활동	– 강의 개선을 위한 노력(자기 진단, 워크숍 및 수업 컨설팅 참가) – 강의 개선을 위한 연구 및 스터디 그룹 활동 실적 – 강의 수상 실적(Best Teaching Award 등)

티칭 포트폴리오를 처음 개발하게 되면 평소에 생각하지 못했던 것들을 정리하느라, 그리고 무엇부터 해야 할지 몰라서 체계적으로 접근하는 데 어려움을 겪을 수 있습니다. 그런 분들은 다음의 포트폴리오 개발 단계를 적용하여 차근차근 작성해보시길 권장합니다.[6]

단계		구성요소
1단계	계획하기 (planning)	교육철학 강의목표 강의계획 강의방법
2단계	자료 수집 및 선정하기 (selection)	강의자료 학습성과 자료 강의평가 자료 학생 피드백 수업관찰자료
3단계	성찰하기 (reflection)	수업실행 분석 수업평가 분석
4단계	보완 및 검토하기 (feedback)	수업능력 향상 활동
5단계	조직화하기 (compiling)	자료의 구조화

교수 개발

교수 개발(Faculty Development)은 '교수 개인이나 소속 학과, 그리고 대학의 교육 목적에 합치되도록 전임교수의 교육 및 교수 활동에 관련되는 지식과 기술, 자질과 태도의 향상을 돕는 대학 수준의 모든 체계적인 활동 및 지원활동'입니다.[7] 현재 대학에서는 교수의 역할 제고를 위해 교수학습개발센터를 설치하고 있으며, 다양한 지원정책들을 마련하고 있습니다. 대부분의 교수학습개발센터는 교수 개발을 위해 다음과 같은 프로그램들을 운영하고 있습니다.

첫째, 교수의 강의력 향상을 위해 다양한 특강이나 워크숍을 운영하고 있습니다. 이 프로그램을 통해 최신의 교수법을 배울 수 있으며, 우수 교수자의 강의에 대한 경험과 노하우를 나눌 수도 있습니다. 특히 예비 교수자, 신임교·강사의 경우 이런 프로그램이 큰 도움이 될 수 있습니다.

둘째, 강의 컨설팅을 지원하고 있습니다. 강의 컨설팅을 지원하는 방식은 학교마다 차이가 있는데, 대부분 학생 대상 요구조사 및 강의촬영 등 데이터를 기반으로 교육 전문가가 상담을 하는 형태로 진행됩니다. 일부 학교는 강의설계에 초점을 두고 강의계획서 컨설팅을 하기도 합니다.

셋째, 학생의 학습을 지원하는 학습 튜터링이나 학습 동아리 같은 프로그램도 운영합니다. 학생들 간의 학습동기 및 학습수준의 차이가 클 때 이를 교수가 모두 메워주기에는 한계가 있을 수밖에 없습니다. 따라서 수강생들에게 해당 프로그램에 대해 소개해주고, 참여하도록 독려한다면 강의를 보조하는 좋은 수단으로 활용할 수 있을 것입니다.

처음부터 완벽한 강의를 할 수는 없습니다. 관심을 갖고 시간과 노력을 투자하는 만큼, 경험이 축적되면서 더 좋은 강의로 한 걸음씩 나아가게 됩니다. 즉, 강의에 투자한 노력과 시간에 비례할 수밖에 없습니다. 강의에 그만큼의 시간을 투자할 것인가는 교수 개개인이 선택할 몫입니다. 그러나 매 학기 교수가 강의실에서 만나는 수십, 수 백명의 학생들, 학생들의 미래에 미치는 영향을 생각한다면 강의는 분명 그럴만한 가치가 있고, 제대로 투자한다면 투자한 만큼 성과를 보여주는 일이라 확신합니다.

<table>
<tr><td rowspan="1">참고
문헌</td><td>

1장

1) 안지혜(2014). 좋은 대학수업의 특성에 대한 문화기술적 사례 연구. 열린교육 연구, 22(1), 163.

2) 김창환(2006). 좋은 수업·좋은 교육이란 무엇인가. 교육철학회 연차학술대회 자료집, 123.

3) 엄미리·김명랑·장선영·박인우(2009). '좋은 수업'에 대한 현직교사와 예비 교사의 인식 연구: 지양해야 할 수업 형태와 관련하여. 한국교육학연구, 15(1), 107-132.

4) 하오선(2017). 학습자 관점에서의 대학교수 강의역량 요인 도출 및 강의 수준 에 따른 차이분석. 교육종합연구, 15(1), 1-26.

5) 최미나(2006). 대학에서의 교수역량(teaching competency) 분석을 통한 효과 적인 교수역량 진단 방안 탐색. 청대학술논집, 7, 143-164.

6) 한신일, 김혜정, 이정연(2009). 대학교육 활성화를 위한 교수수행능력 (Teaching Performances) 개선방안 연구. 교육행정학연구, 27, 233-255.

7) 송연옥·노혜란(2016). 대학 교원의 교수역량(teaching competency) 개선 요 구도 및 강의 저해 요인 분석. 교육공학연구, 32(1), 229-251.

8) 하오선(2017). 학습자 관점에서의 대학교수 강의역량 요인 도출 및 강의 수준 에 따른 차이분석. 교육종합연구, 15(1), 1-26.

2장

1) Smith, P. L. & Ragan. T. J 저. 김동식·정옥년·장상필 역(2002). 교수설계이 론의 탐구. 원미사.

2) http://www.kyosu.net/news/articleView.html?idxno=28614

3) 해럴드경제(2017.11.12일자) [한국대학의 현실②] 강의마다 '조별과제' 교수님 은 어디에?…"등록금이 아까워요"(http://heraldk.com)

4) Parkes, J., Fix, K., & Harris, B.(2003). What syllabi communicate about assessment in college classrooms. Journal on Excellence in college Teaching, 14(1), 61-83.

5) 정혜령(2007). 대학수업계획서의 실증적 분석과 모형 개발. 연세대학교, 박사학 위논문.

6) 이영희(2018). 강의계획서 작성 노하우. 동국대학교 교수학습개발센터 교수법

</td></tr>
</table>

워크숍 자료집.

7) 하오선 · 김수영(2016). Dongguk Syllabus 가이드북. 동국대 교수학습개발센터.

3장

1) Cooper, P. J., Simonds 저, 이창덕 외 역(2010). 교실 의사소통: 효과적인 교실 상호작용을 위한 소통방법. 교육과학사.

2) 황청일 · 이성호(2011). 대학 강의식 수업에서 학습자가 경험한 질문 저해요소 분석 연구. 교육과학연구 42(1). 181–212.

3) 김아영 (2010). 학업동기: 이론, 연구와 적용. 학지사.

4) Lavasani, M. G., Mirhosseini, F. S., Hejazi, E., & Davoodi, M. (2011). The effect of self−regulation learning strategies training on the academic motivation and self−efficacy. *Procedia−Soc Behav Sci, 29*, 627–632.

5) Keller, J. M. (1983). *Instructional design theories and models: An overview of their current status.* Hillsdale, NJ, Lawrence Erlbaum Associates.

6) 강경리(2016). 학습동기를 유발하는 대학 수업의 특징 탐색. 학습자중심교과교육연구, 16(1). 695–727.

4장

1) Felder R. M., & Solomon, B. A,(2007). Index of learning styles. Retreved January 24, 2007, from http://www.engr.ncsu.edu/learningstyles/ilsweb. html

2) 유정아(2011). 학습자의 학습양식에 따른 교수 선호 교수유형 분석. 한국교원교육연구 28(2). 51–72.

3) 변영계(1999) 개인차를 고려한 개별화 수업 방안의 구안 원리. 교사교육연구 37. 49–63.

4) 전희옥(2014). 수업 설계에서 학습자의 다양성 고려 방법 탐색: 다문화교육의 관점을 중심으로. 다문화교육연구 7(4). 23–53.

5) Garderen D, V., & Whittaker, C. (2006). Planning differentiated, multicultural instruction for secondary inclusive classroom, Teaching Exceptional Children, ProQuest Education Journal, 38(3). 12–20.

참고문헌

5장

1) 김광자(2000). 교수학습방법의 이해. 집문당.

2) 워키피디아(2018).

3) 네이버 어학사전(2018).

4) 리 레피버 저, 정연교 역(2013). 설득을 이기는 설명의 힘. 미디어윌.

5) 하오선(2015). 학습자 관점에서 도출한 대학교수의 강의역량 분석. 동국대 교수학습개발센터.

6) 리 레피버 저, 정연교 역(2013). 설득을 이기는 설명의 힘. 미디어윌.

7) 고구레 다이치(2017). 횡설수설하지 않고 정확하게 설명하는 법. 갈매나무.

8) 박서윤 · 최홍석(2017). 누가 저 대신 프레젠테이션 좀 해주세요. 사이다.

6장

1) EBS 왜 우리는 대학에 가는가 제작팀, 정성욱(2015). 왜 우리는 대학에 가는가. 해냄.

2) 전숙경(2010). 수업언어로서의 '질문'에 대한 이해. 교육철학 50. 165–187.

3) 조벽(2014). 조벽 교수의 명강의 노하우&노와이. 해냄.

4) Anderson, L.W.(1999). Rethinking Bloom's Taxonomy: Implication for testing and assessment, ED 435630.

5) Hall, E. T.(1996). The Scilent Language. New York: Fawcett World library.

6) 이태복 · 최수연(2018). 임팩트 질문법. 패러다임.

7) 김수란 · 송인섭(2014). 대학 수업에서 학습자의 질문과정 및 질문저해요인과 문제 해결력 간의 구조적 관계. 교육심리연구 28(2). 269–290.

8) 황청일 · 임호용(2011). 대학 수업에서 학습자 질문과정과 저해요인 탐색 연구. 아시아교육연구 12(2). 55–74.

9) 김수란 · 송인섭(2014). 대학 수업에서 학습자의 질문과정 및 질문저해요인과 문제 해결력 간의 구조적 관계. 교육심리연구 28(2). 269–290.

10) 황청일 · 임호용(2011). 대학 수업에서 학습자 질문과정과 저해요인 탐색 연구. 아시아교육연구 12(2). 55–74.

11) 이태복 · 최수연(2018). 임팩트 질문법. 패러다임.

<table>
<tr><td rowspan="...">참고
문헌</td><td>

7장

1) 존 메디나(저), 서영조(역)(2017). 브레인 룰스. 프런티어.

2) 밥파이크 저, 김경섭 역(2004). 밥 파이크의 창의적 교수법. 김영사.

3) 이영민(2017). 스팟101. 김영사.

8장

1) 핀켈 저 · 문희경 역.(2010). 침묵으로 가르치기. 다산초당

2) 박명희, 김성훈, 박명숙, 이중권, 박종호, 이성림(2005). 대학의 교수학습 개발
에 대한 요구분석 연구-동국대학교 교수집단을 중심으로. 한국교육문제연구
16. 5-30.

3) 정문성(2017) 토의 · 토론 수업 방법 84. 교육과학사.

4) Jonson, D. W., & Johnson, R. T. (1979). Type of task and student
achievement and attitude in interpersonal cooperation, competition and
individualization. Journal of Social Psycholgy, 108. 37-48.

5) 정문성(2017) 토의 · 토론 수업 방법 84. 교육과학사.

6) 전성수 · 고승현(2015). 질문이 있는 교실. 경향 BP.

7) 동국대 교수학습개발센터(2008). 좋은 수업을 위한 방법별 티칭 가이드 14. 129.

8) Barrows, H. S. (1985). How to design a problem-based curriculum for the
preclinical years. Springer.

9) 정민호(2016). The 나은 수업 설계를 위한 PBL 가이드북. 동국대학교 교수학
습개발센터.

10) 최정임 · 장경원(2010). PBL로 수업하기. 서울: 학지사.

11) O'Neil & Marsick 저, 엄우용 · 봉현철 역(2014). 액션러닝: 성과가 눈에 보이
는 창의인재 육성방법. 학지사.

12) 장경원 · 고수일(2014). 액션러닝으로 수업하기. 학지사.

13) Marquardt, M. J., Leonard, S., Freedman, A., & Hill, C. (2009). Action
Learning for developing leaders and organizations. Washington, DC:
American Psychological Press.

14) 장경원 · 고수일(2014). 액션러닝으로 수업하기. 학지사.
</td></tr>
</table>

참고
문헌

15) 한국액션러닝협회사이트. http://www. kala.or.kr

16) 장경원 · 고수일(2013). 액션러닝으로 수업하기. 학지사.

9장

1) 홍정민(2017). 에듀테크: 4차산업혁명 시대의 미래 교육. 책밥.

2) www.kocw.net

3) www.kmooc.kr

4) New Media Consortium(2007). Horizon report. Retrieved January 5, 2018, from http://www.nmc.org.

5) 임철일(2018). 미래사회 선도를 위한 대학교육의 방향. 고등교육미래위원회 전문위원회 보고서. 한국대학교육협의회.

6) Hamdan, McKnight, McKnight & Arfstrom(2013). A Review of flipped Learning. Flipped Leanring Network 온라인자료(https://flippedlearning.org/wp-content/uploads /2016/07/LitReview_FlippedLearning.pdf)

11장

1) 로보트 볼튼 저, 한진영 역(2016). 어떻게 말할까: 만남과 대화가 어려운 사람들을 위한 설명서. 페가수스.

12장

1) 성균관대학교 신문 www.skkuw.com/news/articleView.html?idxno=11522

2) 이성흠 · 윤초희 · 최상봉(2011). '학습윤리'에 대한 대학생의 인식. 아시아교육연구 12(4). 75-94.

3) 동국대학교 교육윤리헌장 www.dongguk.edu/mbs/kr/subview.jsp?id=kr_050104040000

13장

1) Biggs, J.(2007). 대학교육의 새로운 도전: 교육과정과 수업혁신. 경북대학교 출판부.

참고문헌

2) 하오선 · 이효미(2016). 학습자 관점에서 도출한 대학교수의 강의역량 분석: 강의평가 하위교원과 상위교원을 중심으로. 동국대학교 교수학습개발센터.

3) 김수영 · 김광주 · 정애경(2016). 학생, 강의를 말하다. 동국대학교 교수학습개발센터.

4) 이형빈(2015). 교육과정–수업–평가 어떻게 혁신할 것인가. 서울: 맘에 드림.

5) Wiggins G. P. & McTighe, J.(2006). Understanding by design. NY: Upper Saddle River.

6) 성태제(2008). 문항제작 및 분석의 이론과 실제. 서울: 학지사.

7) 황정규 · 서민원 · 최종근 · 김민성 · 양명희 · 김재철 · 강태훈 · 이대식 · 김준엽 · 신종호 · 김동일(2016). 교육평가의 이해. 서울: 학지사.

8) 성태제(2008). 문항제작 및 분석의 이론과 실제. 서울: 학지사.

9) 김상균(2017). Gamification: 교육, 게임처럼 즐겨라. 동국대학교 교수학습개발센터 교수법 워크숍 자료집.

10) Goodrich, H.(1997). Understanding rubrics. Educational Leadership, 14-17.

11) 신나민 · 하오선 · 장연주 · 박종향(2019). 이판사판 교육방법 및 교육공학. 박영스토리.

12) 한국교육개발원. 대학교수 13인의 명강의: SBS 특별기획 대학 100대 명강의. 학지사.

13) 김성훈(2008). 교육평가는 교육을 교육답게 하는가. 교육원리연구, 13(1). 73-91.

14장

1) 하오선 · 정민호(2014). 강의평가 응답분석을 통한 강의평가도구 개선방안: D대학 강의평가 사례를 중심으로. 열린교육연구 22(3). 273-294.

2) Peterson, K. & Kauchak, D. (1982). Teacher Evaluation; Perspectives, Practices, and Promises. UT: Utah University, Center for Educational Practice, ERIC Document Service. ED 233.

3) 한신일 · 김혜정 · 이정연(2005). 한국대학의 강의평가실태 분석. 교육행정학연구 23(2). 379-403.

4) Zubizarreta, J.(1999). Evaluating teaching through portfolios. In Seldin,

**참고
문헌**

P. et al., hanging practices in evaluating teaching. Boston. MA : Anker Publisher.

5) 조용개(2009). 교수자의 수업 개선을 위한 수업 포트폴리오 개발 모형 및 평가 준거안. 한국교원교육연구, 26(2). 47-73.

6) 조용개(2009). 교수자의 수업 개선을 위한 수업 포트폴리오 개발 모형 및 평가 준거안. 한국교원교육연구, 26(2). 47-73.

7) 전성연(1995). 대학의 교육과정과 수업. 학지사.

저자 소개

하오선

동국대학교 교육혁신처 교수법연구 초빙교수

저 서: 교육방법 및 교육공학(박영스토리)

   FASHION(양서원)

이메일: wffwff@nate.com

김수영

동국대학교 교수학습개발센터 교수법연구 초빙교수

이메일: philan73@dongguk.edu

톡(TALK) 톡(TALK) 찾아가는 교수법
학생과 함께 만드는 15주간의 작은 도전

초판발행	2019년 9월 1일
지은이	하오선 · 김수영
펴낸이	노 현
편 집	배근하
기획/마케팅	이영조
표지디자인	박현정
제 작	우인도 · 고철민
펴낸곳	(주) 피와이메이트
	서울특별시 금천구 가산디지털2로 53 한라시그마밸리 210호(가산동)
	등록 2014. 2. 12. 제2018-000080호
전 화	02)733-6771
f a x	02)736-4818
e-mail	pys@pybook.co.kr
homepage	www.pybook.co.kr
ISBN	979-11-90151-02-3 93370

copyright©하오선 · 김수영, 2019, Printed in Korea

정 가   17,000원

박영스토리는 박영사와 함께하는 브랜드입니다.